Bibliografische Information der Deutschen Nationalbibliothek:

Die Deutsche Nationalbibliothek verzeichnet diese Publikation in der Deutschen Nationalbibliografie; detaillierte bibliografische Daten sind im Internet über http://dnb.d-nb.de abrufbar.

Impressum:

Copyright © 2014 ScienceFactory

Ein Imprint der GRIN Verlags GmbH

Druck und Bindung: Books on Demand GmbH, Norderstedt, Germany

Coverbild: pixabay.com

Überwachung, Zersetzung, Vertreibung.
Die Methoden der Stasi aus der Perspektive
von Tätern und Opfern

Inhalt

Das Ministerium für Staatssicherheit und seine Opfer 7

1. Einleitung 8

2. Das Ministerium für Staatssicherheit 8

3. Die Opfer des Ministeriums 12

    3.1. Überwachung 12

    3.2. Inhaftierung 14

4. Abschließende Betrachtungen 16

5. Literaturverzeichnis 18

Der Einfluss der Stasi auf Jugendliche in der Schule. Der Alltag von jugendlichen IMs und die Auswirkungen auf ihre Mitschüler 19

1. Einleitung 20

    1.1 Hinführung und Fragestellung 20

    1.2 Das Schulsystem der DDR und dessen Bindung an die SED 23

    1.3 Einfluss der Stasi innerhalb des Schulsystems 26

2. Hauptteil 29

    2.1 Personenverzeichnis 29

    2.2 Tätigkeiten der jugendlichen IMs 30

    2.3 Folgen für den eigenen Alltag und den der Mitschüler 34

3. Fazit 37

4. Literaturverzeichnis 39

5. Internetquellen 40

Jürgen Fuchs und die Arbeitsweise des Ministeriums für Staatssicherheit 41

1. Einleitung 42

   1.1 (K)eine Biographie 42

2. Zersetzung – Definitionen und Erklärungen 45

3. Der Beginn – Jürgen Fuchs in Jena 48

   3.1 Der OV Revisionist 49

   3.2 Der OV Pegasus 51

4. Die Haftzeit – Zelleninformatoren und die Toxdat 52

5. Im Westen nichts Neues – die Verfolgung in West-Berlin 56

6. Fazit – die Problematik des Erlebten 58

7. Literaturverzeichnis 61

Der bedürftige Karrierist. Analyse eines Lebensberichtes eines hauptberuflichen MfS-Mitarbeiters 63

Einleitung 64

1. Theoretische Auswahl der Interviewpartner und Kontaktaufnahme zu einer „hidden population" – oder wie ich zu Otto Müller kam 66

2. Der Leitfaden 71

   Kindheit/Jugend/Ausbildung 71

   MfS 71

   Wende 72

   nach der Wende 72

3. Die Erhebungsphase 72

4. Transkription und Autorisierung der Interviews 73

5. Auswertung 73

6. Typenbildung (Verallgemeinerung der Aussagen) 77

Sequenzanalyse 77

7. Sinnstrukturen des Interviews. Chronologie des Lebensberichts, Handlungsoptionen, Hypothesen 90

8. Verallgemeinerung der Ergebnisse und Typisierung 112

9. Quellen- und Literaturverzeichnis 120

Die Staatssicherheit der DDR. Die Überlebensform der SED? 121

1. Einleitung 122

2. Die Geschichte der DDR 124

3. Staatssicherheit 128

   3.1 Gründung und Geschichte 129

   3.2 SED und MfS 132

   3.3 Mitglieder 134

   3.4 Arbeitsweisen und Methoden 140

4. Bewertung und Kritik 145

   4.1 Allgemeiner Forschungsstand 146

   4.2 Kritik 147

5. Fazit 149

6. Quellen 152

   6.1 Literatur- und Quellenangabe 152

   6.2 Weiterführende Literatur 154

   6.3 Weitere Quellen 155

7. Anhang 156

Einzelbände 157

Das Ministerium für Staatssicherheit und seine Opfer

Juliane Berger

2012

1. Einleitung

Die Erinnerung ehemaliger DDR-Bürger an ihre Vergangenheit könnte facettenreicher nicht sein. Sie umfasst Begriffe wie Einschränkung, Kontrolle, Dominanz, Gefangenschaft, aber auch Gemeinschaft, Zusammenhalt, Sicherheit, Zukunft.

Entscheidend für die Wortwahl war die jeweilige Einstellung eines Menschen: Bin ich von der Regierungs- und Staatsform überzeugt, möchte ich Teil dieser sein? Kann ich mit ihren Ansichten konform gehen oder sie stillschweigend hinnehmen, um ein ruhiges und angenehmes Leben zu führen?

Oder kann ich eben diese Zwänge und staatlichen Kontrollen nicht akzeptieren und hinnehmen? Ist der Drang, meine Meinungsfreiheit in Anspruch zu nehmen, zu deutlich, um einen geeigneten Platz in dieser Gesellschaftsform einzunehmen?

Inhalt dieser Arbeit ist in erster Linie diese zweite Personengruppe, die aufgrund ihrer Distanzierung vom DDR-Regime zu deren Opfern wurden.

2. Das Ministerium für Staatssicherheit

Um jedoch die Lage der Opfer zu begreifen, muss zunächst eine Auseinandersetzung mit den Tätern stattfinden.

Die Staatspartei SED war bereits im Sommer 1948 zur Massenpartei angewachsen. Ihr Herrschaftsregime war jedoch in erster Linie ein komplexes System zur Überwachung und Kontrolle der DDR- Bürger. Ziel der Partei war hierbei die Angleichung der DDR an das stalinistische System der Sowjetunion. „Ihre Macht sicherte sich die SED in erster Linie mit Hilfe des Ministeriums für Staatssicherheit (MfS), der allmächtigen Geheimpolizei der SED."[1]

---

[1] Hubertus Knabe: Stätten der DDR- Diktatur. Seite 3

Dieses wurde bereits vier Monate nach der Gründung der DDR ins Leben gerufen und bestand bis zu deren Auflösung. Das MfS agierte stets als Geheimdienst, dessen Tätigkeit dauerhaft im Verborgenen blieb, denn: „[...] was hinter den Absperrungen vor sich ging, entzog sich der Kenntnis: Strukturen, Methoden und Wirkungsweise der „Stasi" blieben auch oppositionellen Bürgerrechtlern weitgehend unbekannt."[2]

Hauptaufgabe der Mitarbeiter des MfS war die Machtsicherung des SED-Regimes in allen gesellschaftlichen Bereichen. „Das MfS, das zunächst als Staatssekretariat für Staatssicherheit (SfS) agierte, hatte ‚die Voraussetzungen zu schaffen und die Maßnahmen zu treffen, welche die Sicherheit des Staates, die Festigung der Staatsmacht und die Aufrechterhaltung der öffentlichen Ordnung gewährleisten' sollten."[3]

In diesem Zusammenhang hatte das MfS eine Fülle von Befugnissen um eine Vielzahl der oppositionellen Bewegungen bereits vor deren Entstehen zu verhindern. Die Mitarbeiter des MfS waren berechtigt eigenständige Ermittlungen und Verhaftungen durchzuführen, hinzu kam die Befugnis eigenverantwortlich Gefängnisse zu errichten.

Erich Mielke, 1957 bis 1989 Chef des MfS, verlagerte seinen Aufgabenbereich insbesondere in die Bundesrepublik, den „feindlichen" Westen. „Zu den Angriffszielen der Hauptverwaltung Aufklärung (HVA) gehörte der westdeutsche Staatsapparat, die Parteien, die Medien, gesellschaftliche Organisationen wie die Kirchen und Gewerkschaften, außerdem die militärischen Zentren und die Wirtschaft."[4] Neben der Spionagetätigkeit startete Mielke zudem verschiedene Verleumdungskampagnen um den Ruf der BRD zu schädigen. Zu diesen gehörten beispielsweise fingierte Nazi-Schmierereien in

---

[2] Jürgen Weber: Der SED- Staat. Seite 51
[3] Stiftung Haus der Geschichte der Bundesrepublik Deutschland: Einsichten. Seite 75
[4] Stiftung Haus der Geschichte der Bundesrepublik Deutschland: Einsichten. Seite 76

westdeutschen Städten und gefälschte Dokumente, welche den westdeutschen Bundespräsidenten Heinrich Lübke als KZ- Mitarbeiter darstellen sollten.

Im Zuge des KSZE- Prozesses begann die DDR zudem mit dem Ausbau des Ministeriums. Dieses zentrale Machtinstrument der SED besaß ausschließlich nicht gesetzlich festgelegte Kompetenzen. „Das MfS sollte auf der Grundlage des SED- Parteiprogramms sowie der Beschlüsse des Zentralkomitees und des Politbüros der SED handeln."[5]

Die Ausmaße dieses Geheimdienstes übersteigt jedoch in vielerlei Hinsicht unsere heutige Vorstellungskraft. Ab Mitte der 70er Jahre verfügte das MfS über eine Personalstärke von 90.000 hauptamtlichen und 174 000 inoffiziellen Mitarbeitern. Eine Bewerbung im eigentlichen Sinne war beim MfS jedoch nicht möglich, da sich die Stasi ihre Mitarbeiter gezielt aussuchte. „Die sorgfältige Auswahl garantierte in den allermeisten Fällen politische und ideologische Zuverlässigkeit. ‚Aussteiger' waren selten und mussten mit schweren Restriktionen rechnen."[6]

Die Hauptaufgaben des MfS waren Untersuchungen, Nachrichtenkontrolle und polizeiliche Dienste, die immer unter absoluter Geheimhaltung stattfinden mussten. Auffällig in diesem Zusammenhang war dabei jedoch die Konzentration dieser Aufgabenbereiche in einem Apparat, der alle diese Funktionen zugleich ausführte.

„Als das wichtigste Machtorgan der SED- Diktatur übernahm das MfS eine Vielzahl von Aufgaben. Zu den konkreten Aufgaben des Staatssicherheitsdienstes [...] zunächst einmal die klassischen Geheimdienstaufgaben [...]."[7] Zu diesen zählten beispielsweise die Auslandsspionage, die Funküberwachung, Spionage- und Terrorabwehr.

---

[5] Stiftung Haus der Geschichte der Bundesrepublik Deutschland: Einsichten. Seite 184
[6] Stiftung Haus der Geschichte der Bundesrepublik Deutschland: Einsichten. Seite 184
[7] Jürgen Weber: Der SED- Staat. Seite 57

Zusätzlich hatte dieser spezielle Geheimdienst die Aufgabe zur Sicherung der Staatsgrenze, der Paß- und Zollkontrolle und ähnlicher Aufgabenfelder, die der Kontrolle der eigenen Bevölkerung dienlich waren. „Hauptaufgabe war und blieb aber die- wie es im MfS/ SED- Deutsch hieß- ‚allseitige Aufklärung' der eigenen Bevölkerung."[8]

Hauptverantwortlich für den großen Erfolg des MfS waren jedoch die inoffiziellen Mitarbeiter des Ministeriums. „1988 zählte das Heer der geheimen Zuträger nicht weniger als 109 000 aktive IM."[9]

Diese Informanten gehörten jedoch seit der Gründung des Geheimdienstes zu dessen Erfolgsrezept. Sie wurden zur Überwachung feindlicher Agenten, aber auch zur Bespitzelung von Oppositionsgruppen eingesetzt. Jedoch erhöhte sich die Anzahl dieser Mitarbeiter stetig im Verlauf des Bestehens des MfS. Waren sie zu Beginn der geheimdienstlichen Tätigkeit des Ministeriums nur in kleiner Zahl angestellt, so sollte ihr Einsatz „[...] nunmehr flächendeckend und nach Möglichkeit sogar präventiv erfolgen."[10]

Wesentlich war dabei nicht die Überwachung äußerer Feinde, sondern eine umfangreiche Überwachung der eigenen Bevölkerung. Aus diesem Grund gab es IM in allen gesellschaftlichen Schichten.

„Im Mittelpunkt stand die vorbeugende, schadensabwehrende Arbeit im Innern, die ständige Überprüfung der eigenen Bevölkerung."[11]

---

[8] Jürgen Weber: Der SED- Staat. Seite 57
[9] Jürgen Weber: Der SED- Staat. Seite 66
[10] Jürgen Weber: Der SED- Staat. Seite 66
[11] Jürgen Weber: Der SED- Staat. Seite 67

3. Die Opfer des Ministeriums

„Die Stasi beschädigte tausende Lebensläufe und zerstörte viele Menschen durch ‚Zersetzung': Auf eine den Betroffenen nicht erkennbare Weise griff sie in persönliche Beziehungen und berufliche Werdegänge ein. Intrigen, Gerüchte, Schikanen, Drohungen hatten den Zweck, Zivilpersonen zu verunsichern, zu isolieren und dadurch in psychische Nöte zu bringen."[12] Ausgehend von diesem Zitat soll auf den nächsten Seiten die genaue Vorgehensweise des MfS beschrieben werden.

3.1. Überwachung

Hauptverantwortlich für die Überwachung der DDR- Bevölkerung war die Linie XX des Ministeriums, diese arbeitete zur Bekämpfung der Feinde eng mit weiteren Abteilungen zusammen.

Eine dieser Abteilungen war die Hauptverwaltung Aufklärung, welche sowohl Aufklärungs- als auch Abwehraufgaben wahrnahm. „Die HVA hatte die Zentren der „politisch- ideologischen Diversion" zu überwachen und mit geheimpolizeilichen Mitteln und Methoden zu bekämpfen."[13]

Die Linie IX wurde zuständig, wenn die Verhaftung und Verurteilung eines Gegners angeordnet wurde. Sie war dafür verantwortlich, Ermittlungen und Verhöre durchzuführen, sowie die Anklageschriften zu erstellen. Dabei war es von zentraler Bedeutung für diese Mitarbeiter, genau abzuwägen, welche Personen inhaftiert werden konnten, ohne großes öffentliches Aufsehen zu erregen.[14]

Auch eine Zusammenarbeit der Linien XX und IX konnte für eine erfolgreiche Operation durchaus in Frage kommen. Diese Zusammenarbeit kam dabei

---

[12] Stiftung Haus der Geschichte der Bundesrepublik Deutschland: Einsichten. Seite 187
[13] Sandra Pingel- Schliemann: Zersetzen. Seite 136
[14] Sandra Pingel- Schliemann: Zersetzen. Seite 137-139

insbesondere bei fehlender Beweislage zustande, um eine bestimmte Person dennoch inhaftieren zu können. „In der Praxis bedeutete das: Das MfS schuf bestimmte Bedingungen oder Umstände, um eine Person zu Handlungen oder Äußerungen zu veranlassen, die gegen sie verwendet werden konnten."[15]

Die Linie VIII war für die Beobachtung potentieller Regimegegner verantwortlich. Diese Linie war dabei eine der Abteilungen, die mit einer immensen Anzahl an Mitarbeitern ausgestattet war, da die Observierung eine der grundlegenden Methoden des Ministeriums darstellte. „Unter Observation verstand der Sicherheitsdienst einen „operativen Prozeß zur Gewinnung operativ bedeutsamer Informationen durch gezieltes Wahrnehmen des äußeren Verhaltens und Bewegens operativ bedeutsamer Personen (Beobachtungsobjekte)."[16]

Die Abteilung 26 war im Ministerium für die Telefon- und Raumüberwachung zuständig. Dabei wurden personenbezogen Telefongespräche mitgeschnitten und protokolliert. „Neben dem Abhören des Telefons waren die Abteilungen 26 für den Einsatz von Wanzen (Maßnahme B) und versteckte Kameras (Maßnahme D) in den Wohnungen der mit OV verfolgten Personen zuständig."[17]

Zuständig für die Postkontrolle war die Abteilung M des Ministeriums. Die Kontrolle der Post stand dabei oftmals am Beginn der Beobachtung einer verdächtigen Person.[18]

Auch der Technische Sektor, in Form der Abteilung 32, arbeitete eng mit der Linie XX zusammen. „Den Abteilungen 32 standen weitreichende technische Möglichkeiten zur Verfolgung der Opposition zur Verfügung. So operierten die

---

[15] Sandra Pingel- Schliemann: Zersetzen. Seite 140
[16] Sandra Pingel- Schliemann: Zersetzen. Seite 142
[17] Sandra Pingel- Schliemann: Zersetzen. Seite 143
[18] Sandra Pingel- Schliemann: Zersetzen. Seite 146

Abteilungen 32 zur Identifizierung von Oppositionellen mit chemischen und physikalischen Markierungsmitteln."[19]

Nachdem eine verdächtige Person durch die verschiedenen Überwachungsmethoden als Oppositioneller entlarvt wurde, begann dessen Verfolgung. Oftmals wurden die Opfer dabei absolut unvermittelt aus ihrem Alltag gerissen, um inhaftiert zu werden. Sie wurden überfallen, in einen Transporter verfrachtet und in eine der verschiedenen Haftanstalten transportiert. Dort begann für sie eine unbestimmte Dauer der Gefangenschaft.

3.2. Inhaftierung

Neben vielen anderen Haftanstalten der DDR gilt das Untersuchungsgefängnis Berlin- Hohenschönhausen als Sinnbild für die Inhaftierungen in der DDR, dieses kann noch heute als Gedenkstätte besichtigt werden.

„Der Haftort Berlin- Hohenschönhausen war somit die Zentralstelle kommunistischer Repression in Ostdeutschland."[20] Das Gefängnis lag dabei in einem geheimen Sperrgebiet, welches in keinem Stadtplan verzeichnet war.

Dabei wurde das Gelände bis Oktober 1946 als Internierungslager der Sowjetunion genutzt: „In das Lager kamen Zivilisten, die von der sowjetischen Besatzungsmacht als Spione, Diversanten, Terroristen, NSDAP-Aktivisten, Polizei- und Geheimdienstangehörige, Verwaltungsbeamte oder schlicht als „feindliche Elemente" betrachtet wurden."[21]

In diesem Zusammenhang wurden die Gefangenen oftmals ohne jegliche Gerichtsverhandlungen jahrelang in den sowjetischen Lagern festgehalten. „Nach der Auflösung des Lagers wurde das Fabrikgebäude zum zentralen

---

[19] Sandra Pingel- Schliemann: Zersetzen. Seite 149
[20] Hubertus Knabe: Gefangen in Hohenschönhausen. Seite 9
[21] Hubertus Knabe: Stätten der DDR- Diktatur. Seite 6

Untersuchungsgefängnis der sowjetischen Besatzungsmacht umgebaut."[22] Zu diesem Zweck mussten Häftlinge in dem Keller der ehemaligen Großküche Zellen errichten. Diese wurden aufgrund der fehlenden Fenster und Form eines Bunkers von vielen Häftlingen als „U-Boot" bezeichnet. Diese Zellen können noch heute besichtigt werden.

Inhaftiert wurden hier zumeist NS-Verdächtige und Gegner der Diktatur, aber auch Kommunisten und sowjetische Offiziere. „Ehemalige Häftlinge berichteten später, wie sie durch Schlafentzug, stundenlanges Stehen, tagelangen Arrest oder Aufenthalt in speziellen Wasserzellen zu Geständnissen gezwungen wurden."[23]

Im März 1951 übernahm das Ministerium für Staatssicherheit dieses Kellergefängnis, um es als Untersuchungshaftanstalt zu nutzen.

Die Verurteilung der Häftlinge wurde ab diesem Zeitpunkt von DDR- Gerichten vorgenommen. Direkt neben der Haftanstalt befand sich ein Arbeitslager, in dem einige der Häftlinge ihre Strafe verbüßen mussten. „Ende der 50er Jahre mussten Häftlinge des Arbeitslagers hinter der Untersuchungshaftanstalt ein neues Gefängnis mit über 200 Zellen und Vernehmungszimmern errichten."[24] Dieser Neubau war dabei speziell auf die Bedürfnisse des MfS abgestimmt, so verfügte es beispielsweise über 120 Vernehmungszimmer. Anders als im U- Boot setzte man nun nicht mehr auf den Einsatz physischer Gewalt, sondern nutzte psychologische Methoden. „Der gesamte Gefängnisbau war mit einer Art Ampelanlage ausgestattet, damit auch beim Weg zum Verhör kein Gefangener einem anderen begegnen konnte. Die Zellen hatten jetzt zwar Tageslicht, doch die Fenster waren mit undurchsichtigen Glasbausteinen zugemauert. Im Keller

---

[22] Hubertus Knabe: Stätten der DDR- Diktatur. Seite 6
[23] Hubertus Knabe: Stätten der DDR- Diktatur. Seite 6
[24] Hubertus Knabe: Gefangen in Hohenschönhausen. Seite 13

gab es zwei Gummizellen für Häftlinge, die die Beherrschung verloren oder sich nicht an die strengen Anstaltsregeln hielten."[25]

Des Weiteren standen die Gefangenen aufgrund eines Türspions dauerhaft unter Beobachtung, wussten nichts über den Ort ihrer Inhaftierung und hatten nachts eine bestimmte Schlafhaltung einzunehmen, darüber hinaus wurden sie über Monate hinweg durch speziell ausgebildete Vernehmer verhört.

Nach dem Mauerbau waren insbesondere Menschen in Hohenschönhausen inhaftiert, die aus der DDR flüchten oder ausreisen wollten.

Wichtig für das MfS waren hier jedoch nicht allein die wirklichen Inhaftierungen, elementaren war die abschreckende Wirkung auf die restliche Bevölkerung.

„Alles in allen durchliefen von 1951 bis 1989 etwa 20.000 Menschen die zentrale Untersuchungshaftanstalt des MfS."[26]

4. Abschließende Betrachtungen

Ziel dieser Arbeit war die Beschreibung der Funktionsweise des MfS in Bezug auf dessen Opfer.

Im Mittelpunkt stand in diesem Zusammenhang zunächst die Auseinandersetzung mit dem allgemeinen Aufbau des Ministeriums und dessen Funktionsweise. Ein wesentlicher Punkt in diesem Zusammenhang ist das Selbstverständnis des Geheimdienstes, welches sich als „[...] zuverlässiger Schild und scharfes Schwert der Partei [...]"[27] betrachtete.

Die Hauptaufgabe war dabei die Überwachung und Kontrolle der eigenen Bevölkerung, die insbesondere durch die große Zahl an inoffiziellen Mitarbeitern gesichert wurde.

---

[25] Hubertus Knabe: Gefangen in Hohenschönhausen. Seite 13
[26] Hubertus Knabe: Gefangen in Hohenschönhausen. Seite 14
[27] Stiftung Haus der Geschichte der Bundesrepublik Deutschland: Einsichten. Seite 184

Anschließend an diesen Teil steht der Weg der Opfer von der Überwachung, über die Verfolgung bis zu einer möglichen Inhaftierung im Mittelpunkt der Betrachtungen.

Doch welche Folgen hatte die Arbeit des Geheimdienstes, wie gewinnbringend war ihre Arbeitsweise? In Bezug auf die Opfer des MfS und des SED- Regimes kann diese Frage eindeutig geklärt werden.

„Annähernd vier Millionen Flüchtlinge und Übersiedler, 250.000 politische Häftlinge und fast 1000 an der Grenze zu Tode Gekommene gehören zur Bilanz der vierzigjährigen SED- Herrschaft."[28]

Von großer Bedeutung ist jedoch die Erkenntnis, dass diese Arbeit aufgrund ihres Umfangs lediglich einen groben Überblick über die Thematik bieten kann.

---

[28] Hubertus Knabe: Stätten der DDR- Diktatur. Seite 3

5. Literaturverzeichnis

Der SED- Staat: Neues über eine vergangene Diktatur. Hrg. von Jürgen Weber. München 1994.

Einsichten. Diktatur und Widerstand in der DDR. Hrg. von Stiftung Haus der Geschichte der Bundesrepublik Deutschland. Leipzig 2001.

Gefangen in Hohenschönhausen. Stasi- Häftlinge berichten. Hrg. von Hubertus Knabe. 3. Auflage. Berlin 2008.

Pingel- Schliemann, Sandra: Zersetzen. Strategien einer Diktatur. 3. Auflage. Berlin 2004.

Stätten der DDR- Diktatur. Hrg. von Hubertus Knabe. Berlin 2004.

Der Einfluss der Stasi auf Jugendliche in der Schule. Der Alltag von jugendlichen IMs und die Auswirkungen auf ihre Mitschüler

Sandra Mühlbach

2014

1. Einleitung

1.1 Hinführung und Fragestellung

Das Ministerium für Staatssicherheit gilt heute als Symbol für das unterdrückte und überwachte Leben in der Diktatur des zweiten deutschen Staates. Die Stasi war der verlängerte Arm der Partei, sie sicherte die Macht der SED um jeden Preis. Seit ihrer Gründung im Jahr 1950 versuchte sie, einen Staat zusammen zu halten, in dem sie ein System der Angst, des gegenseitigen Misstrauens und des Verrats installierte. Schätzungsweise 173.000 inoffizielle Mitarbeiter gab es im Jahr 1989 kurz vor dem Zusammenbruch der DDR. [29] Sie waren angehalten, Freunde und Mitmenschen zu überwachen und ihre Geheimnisse, ihre Ängste und Freuden der Stasi preis zu geben.

Heute ist das Bedürfnis der gesamtdeutschen Bevölkerung groß, die Verbrechen des MfS zu rekonstruieren und aufzudecken. Über sechs Millionen Anträge auf Akteneinsicht gingen bei der Bundesbehörde des Bundesbeauftragten für die Stasi-Unterlagen bis heute ein.[30] Bespitzelte sichten ihre Akten, IMs stellen sich ihrer Vergangenheit. 2006 zieht es die Zuschauer ins Kino um „Das Leben der Anderen" zu sehen: ein Drama über einen IM und die Familie, die er bespitzelte.

Die Verbrechen des Ministeriums für Staatssicherheit umfassten unzählige Facetten der Unmenschlichkeit, betreffen eine nicht definierbare Vielzahl an Personengruppen und waren vielfältig in ihrer Intensität. Moralisch besonders verwerflich und zumindest medial bislang wenig thematisiert ist der Missbrauch von Minderjährigen durch das Ministerium für Staatssicherheit. Zirka 6% aller Inoffiziellen Mitarbeiter waren minderjährig; das entspricht etwa 6.000 bis

---

[29] Vgl Pahnke, Rudi-Karl; Behnke, Klaus, Hauksson, Halldór (1995): „ ‚Das Belehren vom hohen Katheder ist unangebracht' Die (Ver-)Führung von Kindern und Jugendlichen durch das MfS In: Behnke, Klaus; Fuchs, Jürgen: Zersetzung der Seele. Hamburg. Rotbuch. S. 182

[30] Vgl. http://www.BStU.bund.de/DE/BundesbeauftragterUndBehoerde/BStUZahlen/_node.html aufgerufen am 14.08.2013 um 12.34 Uhr

10.000 Jungen und Mädchen unter 18 Jahren.[31] Sie bespitzelten ihre Freunde und Klassenkameraden teils freiwillig, oft jedoch unter massivem Druck und unter dem Einsatz von Erpressung. Sie leisteten ihren Beitrag zum Kampf der Stasi gegen die vermeintlichen Staatsfeinde. Die Folgen waren zerstörte Freundschaften, missbrauchtes Vertrauen und langjährige, beziehungsweise dauerhafte Beeinträchtigungen der psychischen und physischen Gesundheit der Betroffenen.

Häufig wurden die Jugendlichen in ihrer Schule angeworben. Ein Raum, der für viele neben der FDJ oder anderen Freizeitgestaltungen am meisten für die Entwicklung intensiver Freundschaften prädestiniert war. Der langjährige Klassenbestand bedeutete für die Jugendlichen viel gemeinsam verbrachte Zeit, in der sich Kameradschaft oder Feindschaft, gegenseitige Zu- und Abneigung herauskristallisieren konnte. Zu dieser sozialen Komponente kommt hinzu, dass hier ebenfalls die wichtigsten zukunftsweisenden Entscheidungen und Prozesse für die berufliche Zukunft stattfanden. Der Raum der Schule ist so zweiseitig sensibel und von höchster Wichtigkeit für die Heranwachsenden. Das verborgene Intervenieren der Stasi durch das Anwerben und Platzieren ihrer Spitzel im Kreis der Jugendlichen war nicht nur besonders grausam, da es sich bei den IMs um Minderjährige handelte, deren Psychen durch die Prozesse des Erwachsenwerdens brüchig und empfindlich waren, sondern auch, da die Schüler an ihren verwundbarsten Punkten getroffen wurden: dem Miteinander im sozialen Umfeld und ihren Plänen und Träumen für die berufliche Zukunft.

In dieser Hausarbeit möchte ich den Einfluss der Stasi auf den schulischen Alltag der Jugendlichen in der DDR genauer betrachten und analysieren. Der Fokus soll hierbei auf den IM-Tätigkeiten liegen, welche die Jugendlichen ausführten. Es geht sowohl um den Einfluss, den diese Beschäftigung auf den

---

[31] Vgl. Pahnke, Rudi-Karl; Behnke, Klaus, Hauksson, Halldór (1995): S. 182

IM selbst hatte, als auch um Auswirkungen auf den Alltag der Mitschüler. Unter Alltag verstehe ich neben der Zeit des regulären Schulbesuchs auch das Leben im Freundeskreis. In der Fragestellung liegt der thematische Fokus auf der IM-Tätigkeit und dessen Auswirkungen in der Schule. Zu beachten ist hierbei jedoch, dass die Arbeit der Schüler für die Stasi nicht nach Schulschluss endete, sondern im Privaten weitergeführt wurde. Dementsprechend wird es, um dem Thema umfassend gerecht zu werden, inhaltliche Exkurse in diese Richtung geben. Zeitlich konzentriere ich mich auf die 1970er und 1980er Jahre. Grund dafür war die Anfang der 1970er Jahre beginnende Öffnung zum Westen und die damit einhergehende Verstärkung der Sicherungsmaßnahmen seitens des MfS.[32] Mitte bis Ende der 1980er Jahre hatte die Stasi die größte Anzahl an Hauptamtlichen und Inoffiziellen Mitarbeitern.[33] Die erklärt auch, warum das Anwerben von jugendlichen IMs maßgeblich in diesem Zeitraum stattfindet.

Zur Bearbeitung der Fragestellung werden wissenschaftliche Texte und Selbstzeugnisse betroffener jugendlicher IMs und Lehrer, in Schrift- und Videoformat, verwendet. Der Hauptteil der Arbeit soll auf den eigenen Aussagen direkt Betroffener basieren. Sie legen Zeugnis über die Grausamkeit eines Systems ab, das jeden verständlichen Wunsch junger Menschen nach Freiheit, Individualität und Meinungsäußerung als existenzielle Gefahr wertete und präventiv zu vernichten suchte.

Die Selbstzeugnisse bieten die Möglichkeit, sich einer Thematik, die für Außenstehende schwer begreiflich und unbekannt ist, zu nähern. Bei der Analyse und Bewertung dieser Zeugnisse gilt trotz ihrer Authentizität und hohen Glaubwürdigkeit zu beachten, dass diese Aussagen nur einen sehr kleinen Teil der Gesamtthematik „Jugendliche IMs" beleuchten.

---

[32] Vgl. Gieseke, Jens (2001): „Die DDR-Staatssicherheit. Schild und Schwert der Partei" Bonn. Bundeszentrale für politische Bildung. S. 41
[33] Vgl. Ebd. S. 86.

In erster Linie stellen sie ein, aus wissenschaftlicher Sicht, aufschlussreiches Einzelschicksal dar, welches teils versteckt, teils offen, höher liegende Strukturen des Systems und der Arbeit der Stasi offenlegen. Die Summe aller Erkenntnisse, die aus den Auswertungen dieser persönlichen Berichte gewonnen werden, soll letztendlich das Ergebnis dieser Arbeit sein. Es soll Teil der Aufarbeitung der Verbrechen der Stasi sein, welche fast vier Jahrzehnte lang subtil und skrupellos gegen einen Großteil der Bevölkerung der DDR verübt wurden.

1.2 Das Schulsystem der DDR und dessen Bindung an die SED

Das Schulsystem der DDR unterstand wie alle anderen staatlichen Instanzen der SED. Im 1974 verfassten Jugendgesetz der DDR weißt die SED den Schulen den Auftrag zu „[...] junge Menschen zu erziehen und auszubilden, die [...] zu schöpferischem Denken und selbstständigen Handeln befähigt sind, deren marxistisch-leninistisch fundiertes Weltbild die persönlichen Überzeugungen und Verhaltensweisen durchdringt, [...]."[34] Deutlich zeigt sich hier, wie die SED versucht, eine ideologische Prägung der Schüler in ihrem Sinne zu erzwingen. Die Kinder und Jugendlichen sollten die gesellschaftlichen und politischen Normen so weit verinnerlichen, dass persönliches Denken und Verlangen mit dem der politischen Machthaber identisch werden.

Neben den üblichen Schulfächern wurden die DDR-Schüler deshalb seit 1969 in Staatsbürgerkunde und seit 1978 in Wehrunterricht geschult [35] Das Fach Staatsbürgerkunde sollte den Schülern die theoretischen Grundlagen des Sozialismus vermitteln. Schwerpunkte waren die Ideologie des Marxismus-Leninismus, das Verhältnis zwischen Sozialismus und Kapitalismus und die

---

[34] Helwig, Gisela (1984): „Jugend und Familie in der DDR. Leitbild und Alltag im Widerspruch". Köln. Edition Deutschland Archiv. S. 73.
[35] Vgl. Ebd. S. 74.

Erziehung zur Wahrnehmung des Ichs als Teil des Kollektivs.[36] Der Wehrkundeunterricht wurde in der 9. und 10. Klasse unterrichtet und galt als Vorläufer für den späteren Grundwehrdienst bei der NVA (zu dem jedoch nur die männlichen Jugendlichen verpflichtet waren). Er umfasste einem Theorieteil über Militär und Politik sowie eine Praxiseinheit, die für Jungs aus dem Wehrlager (beinhaltete Grundzüge einer Rekrutenausbildung, zum Beispiel der Umgang mit Schusswaffen)[37] und für Mädchen aus einem Lehrgang für Zivilverteidigung (beinhaltete Evakuierungsmaßnahmen und Erste Hilfe) bestanden. [38]Dem Anspruch, Schüler durch Wehrunterricht und Staatsbürgerkunde zum idealtypischen sozialistischen Menschen zu erziehen, wurden die Unterrichtsfächer nicht gerecht. Sobald ein Thema den Bereich Politik tangierte, passten sich die meisten Schüler stark dem Standpunkt des Lehrers an und äußerten ihre eigene Meinung nicht. [39]

Der Aufbau des Schulsystems der DDR war weniger komplex strukturiert als das der BRD. Von der ersten bis zur zehnten Klasse besuchten alle Schüler die Polytechnische Oberschule, danach begannen die Schüler entweder eine Berufsausbildung oder besuchten die weiterführende Erweiterte Oberschule, die

---

[36] Vgl. Grammes, Tilman (2006): „Portraitskizze eines Schlüsselfachs" In: Grammes, Tilman; Schluß, Henning; Vogler, Hans-Joachim: Staatsbürgerkunde in der DDR. Ein Dokumentenband. Wiesbaden. VS Verlag für Sozialwissenschaften. S. 18 f.
[37] Vgl. Koch, Michael (2000): „factum. Hintergründe und Erörterungen. Die Einführung des Wehrunterrichtes in der DDR". Erfurt. Landeszentrale für politische Bildung Thüringen. S. 35.
[38] Vgl. Ebd. S. 39.
[39] Vgl. Flender, Heiko (1996): „Die Anwendung von Erkenntnissen aus der Kinder- und Jugendpsychologie durch das MfS." In: Mothes, Jörn; Gundula Fienbork; Pahnke, Rudi; Ellmereich, Renate; Stognienko, Michael: Beschädigte Seelen. DDR-Jugend und Staatssicherheit. Rostock. Edition Temmen S. 133.

nach weiteren zwei Jahren mit Abitur abgeschlossen wurde. Auch Kindergärten und -krippen wurden zum System der Volksbildung dazu gezählt.[40] Wer in der DDR das Abitur erwarb konnte an einer Universität oder Hochschule studieren.[41] Diese Ordnung war landesweit einheitlich.

Die Verfassung der DDR garantierte die „Möglichkeit des Übergangs zur nächsthöheren Bildungsstufe bis zu den höchsten Bildungsstätten, den Universitäten und Hochschulen, entsprechend dem Leistungsprinzip, den gesellschaftlichen Erfordernissen und unter Berücksichtigung der sozialen Struktur der Bevölkerung."[42] Die Formulierung „gesellschaftliche Erfordernisse" lässt bereits erahnen, dass der Erwerb des Abiturs und der damit verbundene Hochschulzugang nur jenen Schülern möglich war, die ihre Linientreue unter Beweis gestellt hatten und mit der Ideologie der SED konform gingen. Tatsächlich erhielten in der DDR nur zirka 10% der Schüler die Möglichkeit, die Erweiterte Oberschule zu besuchen. Weitere 4% durften Abitur mit Berufsausbildung machen.[43] Zwar waren gute Leistungen grundsätzlich ein wichtiges Kriterium für den höheren Bildungsweg, jedoch erfolgte die Notenvergabe meist nicht objektiv den entsprechenden Leistungen gemäß. Schüler, die sich beispielsweise in besonderem Maße in der FDJ engagieren, oder eine Laufbahn in der Partei, der Armee oder beim MfS anstrebten, hatten bessere Chancen auf gute Noten.[44] Im Gegensatz dazu waren christliche Jugendliche, die an der Konfirmation beziehungsweise Kommunion teilnahmen

---

[40] Vgl. Wolf, Jürgen (1998): „Besondere Vorkommnisse". In: Behnke, Klaus; Wolf, Jürgen: Stasi auf dem Schulhof. Der Missbrauch von Kindern und Jugendlichen durch das Ministerium für Staatssicherheit. Berlin. Ullstein. S.154.
[41] Vgl. Mayrhofer, Wolfgang (1999): „Demokratisierung – Sowjetisierung – Intensivierung: Das Schulwesen der SBZ/DDR im chronologischen Überblick. In: Puhle, Matthias; Potratz, Gerhard: „...das der Mensch was lernen muß" Bildung und Erziehung in DDR-Schule. Vorgaben, Wirklichkeiten, Ansichten. Magdeburg. Magdeburger Museen. S 48.
[42] Vgl. Helwig, Gisela (1984): S. 67.
[43] Vgl. Wolf, Jürgen (1998): S.159.
[44] Vgl. Ebd. S. 162 f.

vom Erwerb des Abiturs oft ausgeschlossen.[45] Auch ein Wechseln des Berufswunsches konnte zu Komplikationen im Bildungsweg führen, da mit dem angedachte Berufsweg bereits als Teil der gesamtwirtschaftlichen Planerfüllung kalkuliert wurde.[46]

Insgesamt betrachtet stellte das Schulsystem der DDR eine in jungen Jahren beginnende und bis zum Ende der Schulzeit weitergeführte Einübung der Schüler in die gesellschaftlichen, sozialistischen Werte der SED dar. Die erworbene Bildung sollte nicht den individuellen Bestrebungen des Schülers dienen, sondern die Verwirklichung des gesamtgesellschaftlichen Ziels, den Aufbau des Sozialismus, vorantreiben.

1.3 Einfluss der Stasi innerhalb des Schulsystems

Das Ministerium für Staatssicherheit hatte den Auftrag, die Jugendpolitik von SED und FDJ durchzusetzen.[47] Dieser Auftrag band die Offiziere des MfS eng an die Schulen der DDR – beispielsweise unterhielt die Stasi Schulpartnerschaften mit einigen Bildungsanstalten, die zum Ziel hatten, die Schüler mit der Ideologie der MfS vertraut zu machen und so für mehr Akzeptanz im Kreis der Jugendlichen zu werben.[48] Der Schularbeit der Stasi lag ein sehr zwiespältiges Bild der Jugend der DDR zugrunde. Zum einen begegneten sie den Heranwachsenden mit großem Misstrauen. Bereits normale, jugend-typische Verhaltens- und Denkweisen, wie das Infragestellen gesellschaftlicher Werte, Aufmüpfigkeit, Provokation oder offen geäußerte

---

[45] Vgl. Helwig, Gisela (1984): S. 71.
[46] Vgl. Wolf, Jürgen (1998): S. 160 f.
[47] Vgl. Mothes, Jörn (1996): „Die vom MfS entwickelten Strukturen und Strategien zur Durchsetzung der Jugendpolitik der SED" In: Mothes, Jörn; Gundula Fienbork; Pahnke, Rudi; Ellmereich, Renate; Stognienko, Michael: Beschädigte Seelen. DDR-Jugend und Staatssicherheit. Rostock. Edition Temmen. S. 50.
[48] Vgl. Ebd. S. 53.

Kritik konnten einen Jugendlichen beim MfS als Staatsfeind ausweisen.[49] Vor allem die Freizeitaktivitäten der Heranwachsenden, die nicht im Rahmen der FDJ-Veranstaltungen, sondern in privaten Räumen stattfanden, erschienen den Offizieren der Staatssicherheit verdächtig. Generell waren alle Orte und Versammlungen, in denen eigenmächtige Reflektionen und Diskussionen entstehen konnten, in den Augen der Staatssicherheit ein Risiko. Das galt auch für Schulen und Klassenverbände.

Die einzige Möglichkeit, diese gesellschaftlichen Ereignisse einer staatlichen Kontrolle zu unterwerfen, bestand für die Stasi darin, in diesen Gruppen inoffizielle Mitarbeiter zu installieren. Diese Strategie offenbart die andere Wahrnehmung von Jugendlichen durch das MfS. Sie galten ebenfalls als eine Ressource für die Verwirklichung der politischen Ziele.[50]

Schätzungsweise bis zu 10.000 IMs, die durch die Stasi angeworben wurden, waren minderjährig – viele davon waren Schüler. Oft wurden die jugendlichen IMs in der Schule angeworben. Im Vorfeld wurden sie meist von ihren Lehrern bespitzelt, die ebenfalls inoffiziell für das MfS tätig waren. Die in diesem Zuge angelegten Akten offenbarten dem Ministerium alle Facetten und Details des Alltags des Schülers. Schulnoten, Freundschaften, persönliche Stärken und Schwächen wurden akribisch dokumentiert. Auch die Stasi selbst überwachte den Nachwuchs. Beispielsweise führte sie jährlich eine Kontrolle aller Siebtklässler durch, in der ihre Tauglichkeit für spätere Tätigkeiten im Namen der Staatssicherheit definiert wurde.[51] War nun ein Schüler oder eine Schülerin für die Stasi von Interesse, beispielsweise durch Kontakte zu systemkritischen Jugendlichen, die es nach Meinung des MfS zu überwachen galt, erfolgte ein persönliches Gespräch mit dem Jugendlichen. Dieses fand meist direkt in der

---

[49] Vgl. Ebd. S. 49.
[50] Vgl. Ebd.
[51] Vgl. Pahnke, Rudi-Karl; Behnke, Klaus, Hauksson, Halldór (1995): S. 189 f.

Schule statt. Hierbei wurden die entsprechenden Heranwachsenden oft massiv unter Druck gesetzt. Geschickt wurde Wissen um nicht systemkonforme Handlungen oder Äußerungen des Jugendlichen instrumentalisiert. Auch an persönliche Stärken wurde appelliert. [52] Das Zusammenspiel von Anerkennung, Schuldgefühlen und Angst nahm den Schülern oft die Möglichkeit der freien Entscheidung: eine Zusammenarbeit mit dem MfS schien alternativlos. Im Anschluss an das Gespräch wurde ein verbindlicher Vertrag aufgesetzt, der die Aufgaben des Jugendlichen, seine Ergebenheit gegenüber dem MfS und sein Stillschweigen beinhaltete.[53] Dies geschah mitunter auch bei den Jugendlichen zuhause, sofern die Eltern als linientreu galten und ihr Kind bei der Erfüllung seiner neuen Pflichten unterstützen oder überwachen konnten. [54]

Mit Abschluss des Vertrages verpflichtete sich der Jugendliche zu einer bis zu 25 Jahre währenden Zusammenarbeit mit dem MfS.[55] Dafür wurde dem IM eine gesicherte berufliche Zukunft in Aussicht gestellt. Für Schüler war eine zuverlässig ausgeführte IM-Tätigkeit quasi eine Garantie für Abitur und Studium. [56]

Insgesamt betrachtet stellte die Präsenz der Stasi in den Schulen und ihr Intervenieren und Agieren im Kreis von Schülern und Lehrern ein massives Eingreifen in den Alltag der Jugendlichen dar. Es beschädigte das Vertrauen zu Lehrern und Mitschülern und unterdrückte die freie Meinungsäußerung und Meinungsentfaltung.

---

[52] Vgl. Gries, Sabine; Voigt, Dieter (1998): „Jugendliche IM als Forschungsfeld der >>Wissenschaftler<< des Ministeriums für Staatssicherheit". In: Behnke, Klaus; Wolf, Jürgen: Stasi auf dem Schulhof. Der Missbrauch von Kindern und Jugendlichen durch das Ministerium für Staatssicherheit. Berlin. Ullstein. S.122.
[53] Vgl. Pahnke, Rudi-Karl; Behnke, Klaus, Hauksson, Halldór (1995): S. 186 f.
[54] Vgl. Ebd. S. 184.
[55] Vgl. Ebd. S. 186.
[56] Vgl. Ebd. S. 188.

Für das MfS hatte das Thema Jugendarbeit eine große Bedeutung – viele Diplomarbeiten wurden an der Juristischen Hochschule des MfS in Potsdam zur Gewinnung und Lenkung jugendlicher IMs geschrieben.[57]

2. Hauptteil

2.1 Personenverzeichnis

Der Übersicht halber werde ich hier eine Liste der Personen aufführen, auf deren Geschichten und Aussagen ich im Hauptteil eingehen werde. Die Quellen dieser Zeitzeugenaussagen liegen teils im schriftlichen, teils in Videoformat vor. Ich nenne kurz alle relevanten Eckdaten über die Personen, die in der Quelle enthalten sind. Bei manchen Fallbeispielen sind jedoch Schule, Alter und damaliger Wohnort anonym. Ist der Nachname unbekannt, wird er mit einem * gekennzeichnet.

Kerstin Harrabi: Schülerin der EOS Spezialschule in Wickersdorf 1971-1975, mit 17 Jahren als IM in der Schule angeworben

Elvira Tolsdorf: Schülerin der EOS Spezialschule in Wickersdorf 1975 – 1979, mit 17 Jahren als IM in der Schule angeworben

Marko Hermersdörfer: 1986–1988 Schüler der EOS Friedrich Engels in Dresden, mit 17 Jahren im Wehrbezirkskommando als IM angeworben

Renate *: 1986 mit 17 Jahren als IM in der Schule angeworben

Manfred *: 1982 mit 17 Jahren als IM in der Schule angeworben

Hannelore Schneider: Deutschlehrerin in den 1970er Jahren an einer POS in Cottbus

---

[57] Vgl. Gries, Sabine; Voigt, Dieter (1998): S. 110 f.

2.2 Tätigkeiten der jugendlichen IMs

Wurde ein jugendlicher IM erfolgreich von der Stasi angeworben, stellte das MfS ihm für den Verlauf seiner zukünftigen Arbeit einen Führungsoffizier zur Seite. Essenziell für die Bindung des Jugendlichen an die Stasi war der Aufbau eines Vertrauenverhältnisses zum MfS, speziell zum zugeteilten Führungsoffizier. Um dieses Vertrauen aufzubauen, nutzte der Führungsoffizier alle Informationen, die er über den jugendlichen IM besaß. Aus Wissen um Vorlieben, Ängste, Interessen, Selbstdarstellung und Alltagsgestaltung wurde ein individuelles Psychogramm des Jugendlichen erstellt. Der Führungsoffizier selbst passte sein eigenes Verhalten und Auftreten dementsprechend an – dem IM wurden so Verständnis, Freundschaft und Vertrauen suggeriert.[58] War diese Basis erfolgreich gelegt, wurde der Jugendliche bis zu einem gewissen Maße lenkbar und somit bereit, Aufträge des MfS auszuführen. Das Aufgabenfeld der IMs bestand aus der Überwachung und Bespitzelung anderer Jugendlicher, die vom MfS der Ausführung oder Planung staatsfeindlicher Tätigkeiten verdächtigt wurden. Das beinhaltete auch die Bespitzelung aller Räume und Gruppen, in denen frei und kritisch diskutiert und gedacht wurde, oder westliches beziehungsweise den Sozialismus gefährdendes Gedankengut geteilt wurde. Häufig waren kirchliche Jugendgruppen, Umwelt- und Friedensaktivisten und jugendliche Subkulturen wie die Punk- und Bluesserszene von der Überwachung durch IMs betroffen.[59] Ziel der Staatssicherheit war die Zersetzung der Gruppierung. Gezielt sollte Misstrauen, Streit, Konkurrenzdenken und Antipathie zwischen den Mitgliedern der Gruppe geschürt werden, um sie auseinandern zu brechen oder Rädelsführer zu identifizieren.[60]

---

[58] Vgl. Pahnke, Rudi-Karl; Behnke, Klaus, Hauksson, Halldór (1995): S. 190.
[59] Vgl. Gries, Sabine; Voigt, Dieter (1998): S. 120.
[60] Vgl. Pahnke, Rudi-Karl; Behnke, Klaus, Hauksson, Halldór (1995): S. 183.

Der angeworbene IM verfügte entweder bereits über Kontakte in die entsprechende Gruppe oder sollte diesen auf Befehl der Stasi hin herstellen. Meist waren zu überwachende Jugendliche Klassenkameraden des IMs, so erfolgte auch die erste Kontaktaufnahme der Stasi meist in der Schule. Die eigentliche Tätigkeit des IMs fand allerdings meist in den genannten Freiräumen der Heranwachsenden statt. Die ehemalige IM Renate* berichet über den Beginn ihrer Arbeit für das MfS: „Ich hatte da was mitgekriegt von Mitschülern, die eben Christen waren oder Kirchgänger, aber ich hatte irgendwie Angst davor, da ich bis dahin nichts damit zu tun hatte. Im Juli bin ich dann das erste Mal da hin und bin aber gleich wieder weg und wurde erstmal krank." [61] Deutlich zeigt sich hier, wie das MfS die Jugendlichen zu Grenzüberschreitungen zwingt. Renate*, die schüchtern ist, muss Fuß fassen in einer Gruppe Fremder – darauf zeigt sie eine körperliche Stressreaktion und wird krank.[62] Andere IMs fanden sich in ihrer Aufgabe besser zurecht. Grundsätzlich mussten die jugendlichen IMs einige, für das MfS wichtige, charakterliche Voraussetzung erfüllen. Sie mussten sehr intelligent sein, über gute Menschenkenntnis verfügen, sich schnell in neue Gruppen integrieren können und unverdächtig wirken.[63] Neben diesen Eigenschaften, die meist Ausdruck einer starken Persönlichkeit waren, machte sich die Stasi auch pychische Schwächen der Heranwachsenden zu Nutze. So machte eine instabile Bindung der IMs an die eigenen Eltern den Aufbau eines Vertrauensverhältnisses leichter, da so der Führungsoffizier die emotionalen Defizite zum Schein ausgleichen konnte. Beispielsweise sollte der damals siebzehnjährige Marko Hermersdörfer Ende der 1980er Jahren seinen besten Freund Bernhard

---

[61] Behnke, Klaus (1998): „Die Ohnmacht der Kinder" In: Behnke, Klaus; Wolf, Jürgen: Stasi auf dem Schulhof. Der Missbrauch von Kindern und Jugendlichen durch das Ministerium für Staatssicherheit. Berlin. Ullstein. S. 180.

[62] Vgl. Ebd.

[63] Vgl. Gries, Sabine; Voigt, Dieter (1998): S. 121 f.

bespitzeln. Die beiden Dresdener unterhielten einen Briefwechsel mit einer Schule in Straßbourg, der sie ins Visier der Stasi geraten ließ. Bernhard galt als selbstbewusst, Marko machte einen psychisch labilen Eindruck. Das machte sich das MfS zu Nutze – sie zwangen Marko unter der Androhung, seinen Berufswunsch nicht verwirklichen zu können, über Bernhard zu berichten.[64] Marko: „Dann sagt man immer: ok du machst mit, ist vielleicht besser für deine Zukunft. Dann wachst du am nächsten Morgen wieder auf und sagst: nee ich mach doch nicht mit." [65] Ähnlich wie bei Renate* zeigt sich auch hier großer Unwillen, mit der Stasi zu kooperieren. Im Gegenzug gab es jedoch auch Jugendliche, die sich aus Eigeninitiative als IM meldeten. [66]

Inhaltlich war das MfS an allen Details über Handlungen, Gespräche und Beziehungen innerhalb der observierten Gruppe interessiert. Gerade durch das Erfragen von scheinbaren Belanglosigkeiten gewannen viele jugendliche IMs den Eindruck, keine wichtigen, beziehungsweise riskanten Informationen weiterzugeben. Kerstin Harrabi, die Anfang der 1970er Jahre die EOS Spezialschule in Wickersdorf besuchte, wurde mit siebzehn Jahren als IM angeworben. Sie erinnert sich: „[...] die haben also jedes pubertäre Geschwätz aufgeschrieben und wie gesagt mir war das gar nicht bewusst, dass die das für sonst was gebrauchen können...vielleicht um jemandem sein Leben zu vermasseln." [67]

Vor allem bei den konspirativen Treffen, welche die IMs in etwa zweiwöchigem Abstand mit ihren Führungsoffizieren hatten, versuchte das MfS die Zweifel der Jugendlichen an ihrer Tätigkeit zu zerstreuen. Kerstin: „Geraucht wurde viel um so ein bisschen so eine Kumpel-Atmosphäre zu schaffen um mir so das Gefühl

---

[64] Vgl. Doku: „Die Stasi auf dem Schulhof" (28.26 min).
[65] Doku: „Die Stasi auf dem Schulhof" (38.40 min).
[66] Vgl. Gries, Sabine; Voigt, Dieter (1998): S. 113.
[67] Doku: „Die Stasi auf dem Schulhof" (36.10 min).

zu geben: So du gehörst dazu. Und dann noch Alkohol zu bekommen ist auch toll."[68] Die Methode der Stasi, sich den Jugendlichen als vertrauensvoller Freund zu präsentieren, wird hier deutlich. Außerdem durften die Heranwachsenden in ihrer Rolle als IM wie selbstverständlich Sachen tun, die ihnen sonst in ihrem Alter verboten blieben. Angesichts der engen, staatlich streng reglementierten Welt der Jugendlichen hatte dies einen zusätzlichen Reiz, der die Arbeit für das MfS attraktiv machte – trotz moralischer Bedenken.

Nach Abschluss der Schulzeit oder Beendigung der Konspiration ging die inoffizielle Tätigkeit des Jugendlichen für das MfS entweder in einen hauptamtliche Beruf über, oder wurde von Seiten des IM beendet. Gründe für das Ausscheiden aus dem IM-Dienst waren beispielsweise eine neue Freundschaft oder Beziehung, die mit der Arbeit für das MfS unvereinbar war oder der Wunsch nach Entlastung des eigenen Gewissens.[69] Manchmal waren es auch Forderungen seitens der Stasi, die selbst mit dem angeschlagenen moralischen Bewusstsein eines IMs nicht mehr vereinbar waren, die zum Abbruch der Spitzel-Tätigkeit führte. Die ehemalige IM Kerstin Harrabi wurde vom MfS dazu angehalten, mit einem Jungen, dessen Eltern vermeintlich im Begriff waren, Republikflucht zu begehen, ein intimes Verhältnis zu beginnen. Für sie war das ein Auslöser, die Zusammenarbeit abzubrechen.[70]

Nicht alle IMs konnten ihre Zusammenarbeit mit dem MfS problemlos beenden. Oft wurde Aussteiger unter Druck gesetzt, erpresst oder regelrecht verfolgt.[71]

---

[68] Doku: „Die Stasi auf dem Schulhof" (26.56min).
[69] Vgl. Pahnke, Rudi-Karl; Behnke, Klaus, Hauksson, Halldór (1995) S. 187.
[70] Vgl. Doku: „Die Stasi auf dem Schulhof" (36.45 min).
[71] Vgl. Pahnke, Rudi-Karl; Behnke, Klaus, Hauksson, Halldór (1995) S. 187 f.

2.3 Folgen für den eigenen Alltag und den der Mitschüler

Vor- und Nachteile, die ein jugendlicher IM durch seine IM-Arbeit hatte, waren vielfältig, genauso wie die Folgen, die diese Tätigkeit auf den Alltag der Mitschüler hatte.

Aus pragmatischer Sicht hatte die Aufgabe als IM vor allem schulische und berufliche Vorteile für den entsprechenden Jugendlichen. Eine erfolgreich ausgeführte IM-Tätigkeit galt in der DDR quasi als Garantie für Abitur und Studium. Selbst wenn die schulischen Leistungen schlecht waren, musste als IM oder zukünftiger offizieller MfS-Mitarbeiter nicht um die berufliche Zukunft gebangt werden. Hannelore Schneider war in den 1970er Jahren Deutschlehrerin an einer EOS in Cottbus, sie berichtet über einen Schüler, dessen mangelhafte Noten unter normalen Umständen nicht zum Bestehen des Abiturs ausgereicht hätten: „[...] da hatte ich in meinem Fach die Note fünf und ich erinnere mich in Chemie war das genauso. Und da wurde von uns beiden, von der Kollegin und mir verlangt, dass wir diese Note ändern auf vier, denn dieser junge Mann würde ja, ich glaub das ist so eine Hochschule wo er zu der Staatssicherheit kommt... dort hatte er sich beworben und man möchte gerne, dass er diese Ausbildung beginnt."[72] Deutlich wird hier: So sehr die Stasi nonkonforme Schüler drangsalierte, so sehr protegierte sie, in eigenem Interesse, ihre jugendlichen Mitarbeiter. Zur Einlösung des Versprechens der gesicherten Zukunft kam es nur, wenn das Arbeitsverhältnis mit dem MfS nicht vorher aufgelöst wurde und der jugendliche IM sich mustergültig und korrekt verhielt.

Die vordergründige Motivation für die Tätigkeit als IM war jedoch für die meisten Jugendlichen die scheinbare Aufwertung des Selbstbewusstseins durch den Führungsoffizier. Die Mitarbeit an einer vorgeblich wichtigen Aufgabe, die intensive Zuwendung des Führungsoffiziers und die vorgetäuschte Wichtigkeit

---

[72] Youtube: „Hannelore Schneider: Gute Noten für Stasi-Schüler." Gedächtnis der Nation. 70er Jahre – Zwischen Entspannung und Terror (0.32 min).

der eigenen Person versetzte einige Jugendliche in einen Glückszustand.[73] Die Schilderungen der untersuchten IMs sind nahezu deckungsgleich. Manfred* reiste im Rahmen seiner IM-Tätigkeit auf den Balkan, um dort westliche Studenten ausfindig zu machen, die für eine Zusammenarbeit mit der Abteilung „Kommerzielle Kommunikation" geeignet wären. Zu seiner Aufgabe sagt er: „Das Auserwählt-Sein fand ich das Spannendste."[74] Kerstin Harrabi wurde angeworben, um ihre Mitschüler zu bespitzeln. Sie fühlte sich ähnlich: „Ich sags jetzt mal so, das war natürlich auch schon so ein Stück Anerkennung: Boa die haben mich ja ausgesucht!"[75] Dass diese Anerkennung ihrer Person nur gespielt war, war den Betroffenen zuerst nicht klar. Die Strategie der Führungsoffiziere zielte drauf ab, die Jugendlichen von ihrer Wertschätzung abhängig zu machen. Möglich war dies durch die fragile, unausgereifte Psyche der Heranwachsenden. In ihren Führungsoffizier fanden die Jugendlichen einen scheinbar verständnisvollen Zuhörer, der um ihre Stärken und Schwächen wusste und Interesse an ihren Einschätzungen und Gefühlen zeigte.[76] Sie erfuhren vom MfS keine offene Belehrung, sondern wurden unterbewusst erzogen und indoktriniert. Der Anschein, dass es sich hierbei um eine gleichberechtigte Beziehung handelte, gab den Jugendlichen das Gefühl als Persönlichkeit anerkannt zu sein.[77] Stammten die IMs aus wenig intakten Elternhäusern oder verfügten nur über einen instabilen Freundeskreis, war der Führungsoffizier oft die einzige Bezugsperson.[78] Dem MfS war kein Mittel zu widrig, um die Jugendlichen an ihre Tätigkeit zu binden. Renates* Führungsoffizier begann sogar ein intimes Verhältnis mit ihr um sie emotional an sich und das MfS zu

---

[73] Vgl. Gries, Sabine; Voigt, Dieter (1998): S. 117.
[74] Behnke, Klaus (1998): S. 186.
[75] Doku: „Die Stasi auf dem Schulhof" (27.50 min).
[76] Vgl. Pahnke, Rudi-Karl; Behnke, Klaus, Hauksson, Halldór (1995): S. 189.
[77] Vgl. Ebd. S. 190.
[78] Vgl. Behnke, Klaus (1998): S. 179.

binden. [79] Kam es zum Bruch mit der Stasi kippte das vermeintliche Vertrauensverhältnis. Informationen die der jugendliche IM preisgegeben hatte, konnten nun gegen ihn verwendet werden beispielsweise wenn er die Zusammenarbeit gegen den Willen des MfS beenden wollte. [80] Oft litten die Jugendlichen unter quälende Gewissenskonflikte – schließlich waren es oft beste oder enge Freunde, die sie im Auftrag des MfS bespitzeln mussten. Elvira Tolsdorf besuchte, wie Kerstin Harrabi die EOS Spezialschule in Wickersdorf. Sie wurde ebenfalls mit siebzehn Jahren als IM angeworben und sollte ihre Mitschüler bespitzeln. [81] „[...] die wollten auch, dass ich über die Zustände an der Schule berichte, über andere Mitschüler. Und das hat mir sofort unwahrscheinliche Probleme innerlich bereitet, weil ich hab mit meinen Mitschülern zusammen gelernt und gelebt." [82] Es wird deutlich, wie tief die Stasi in das Sozialleben ihrer IMs intervenierte und wie schmerzhaft dies für die Jugendlichen war. Hinzu kam eine permanente seelische Belastung durch die Doppelexistenz als eigene Persönlichkeit und als IM der Stasi. Manfred* beschreibt seine Zeit im Einsatz für das MfS: „Es wurde mir immer unheimlicher, wie marionettenhaft das war, wie ein zweites Leben. Manchmal habe ich mich wie dreigeteilt gefühlt. Eine Zeit wie ein Torpedo."[83] Eindrücklich zeigt sich hier der Kontrollverlust, den die IMs erlitten. Das mühsame Aufrechterhalten zweier Identitäten konnte sich automatisieren. Manfred wird nach dem Abbruch der IM-Arbeit zeitweise in die Psychiatrie eingewiesen. Er war, beziehungsweise ist, heute alkohol- und tablettensüchtig und hat Probleme ein geregeltes Arbeitsleben zu führen. [84] „Mir hat die Führung gefehlt, die

---

[79] Vgl. Ebd. S. 180.
[80] Vgl. Pahnke, Rudi-Karl; Behnke, Klaus, Hauksson, Halldór (1995) S. 189.
[81] Vgl. Doku: „Die Stasi auf dem Schulhof" (33.04 min).
[82] Doku: „Die Stasi auf dem Schulhof" (33.10 min).
[83] Behnke, Klaus (1998): S. 187.
[84] Vgl. Ebd. S. 187 f.

wollten nicht mehr. Ich war so weit eingeschüchtert, daß ich es in mir eingrub und habe dann ständig gesoffen." [85] Die Jugendlichen verlernten, in Abhängigkeit zu ihrem Führungsoffizier, jede Fähigkeit zum selbstständigen Handeln und Entscheiden. Sie fühlten sich alleine nicht mehr überlebensfähig.

Für die Bespitzelten war die IM-Tätigkeit ihrer Mitschüler und Freunde ebenfalls fatal. Waren sie erst einmal im Visier der Staatssicherheit, wurde jedes Detail ihrer Äußerungen und Handlungen dokumentiert. Die ehemalige IM Kerstin schrieb über ein Mädchen in ihrer Klasse, mit der sie Streit hatte: „Ich hab geschrieben, dass sie viele Kontakte hat mit Russen und Polen [...] dann hab ich so geschrieben, dass sie schulisch sehr gut ist, aber einen schlechten Charakter hat...das zeigt ja von heutiger Sicht aus: ich hatte ein Problem mit der, ich hatte Streit mit der und da war ich mir gar nicht der Tragweite bewusst. Man hat sich halt angezickt und ich hab das dann aufgeschrieben, ja." [86] Abhängig davon, wie das MfS diese Informationen wertete, konnten Nichtzulassung zum Abitur, Verweise von der Schule, oder, im schlimmsten Fall, Zersetzungsmaßnahmen die Folge sein. Im Falle der Zeitzeugen dessen Aussagen, ich im Hauptteil der Hausarbeit analysiert habe, sind leider die Folgen für die jeweiligen Opfer ihrer Tätigkeiten nicht bekannt. Möglicherweise wurden sie auf Wunsch der ehemaligen IMs verschwiegen oder waren weniger schwerwiegend.

3. Fazit

Meiner Meinung nach stellt das Rekrutieren jugendlicher IMs einen schwerwiegenden, psychischen Missbrauch Minderjährigen dar. Zirka 10.000 Schüler wurden ihrer Jugend und Unschuld beraubt. Hilflos waren sie einer bedrohlichen, scheinbar omnipräsenten Macht ausgesetzt, die sie zwang, gegen ihre Moral zu handeln.

---

[85] Ebd. S. 187.
[86] Doku: „Die Stasi auf dem Schulhof" (26.06 min).

Die Schicksale, die ich untersucht habe, sind zwar alle unterschiedlich, dennoch gibt es Gemeinsamkeiten. Alle Schilderungen eint, dass sie von Angst, innerer Zerrissenheit und Abhängigkeit erzählen. Trotzdem ist auch von positiven Gefühlen der Anerkennung die Rede, die jedoch heute von allen Zeitzeugen als trügerisch identifiziert wurden. Dies zeigt, dass die Personengruppe, die analysiert wurde, heute einen emotionalen Abstand zum damaligen Geschehen hat. Dennoch sind zum Beispiel im Falle von Manfred* auch Jahrzehnte später schwerwiegende Folgeschäden vorhanden, die beweisen, wie unmenschlich und brutal die Stasi mit ihren jugendlichen IM umging.

In der bisherigen Aufarbeitung über das System der Inoffiziellen Mitarbeiter wurden die Schicksale der Jugendlichen wenig thematisiert. Jeder Bericht von Zeitzeugen hilft ein wenig mehr, eine Diktatur und ihre repressive Mechanik zu verstehen. Dies ist essenziell, um Strukturen zu erkennen, die eine freiheitliche Demokratie gefährden können.

Die Wissenschaftler und Autoren, dessen Quellen ich benutzt habe, haben einen wertvollen Grundstein gelegt, jugendliche IMs besser zu verstehen. Ich plädiere dafür, diesen Aspekt der SED-Vergangenheit vor allem im Geschichtsunterricht zu behandeln. Ich glaube, dass Kinder und Jugendliche über die Schicksale der jugendlichen IMs einen direkteren und intensivieren Zugang zum Themenkomplex Stasi erhalten. Da die konkreten Folgen für die betroffenen Mitschüler und Freunde im Umfeld der IMs in den analysierten Fällen nicht bekannt sind, wäre eine anschließende Analyse, die sich speziell mit diesem Thema beschäftig, sinnvoll, um den Themenbereich „Jugendliche IMs" weiter zu beleuchten.

4. Literaturverzeichnis

Behnke, Klaus (1998): „Die Ohnmacht der Kinder" In: Behnke, Klaus; Wolf, Jürgen: Stasi auf dem Schulhof. Der Missbrauch von Kindern und Jugendlichen durch das Ministerium für Staatssicherheit. Berlin. Ullstein.

Flender, Heiko (1996): „Die Anwendung von Erkenntnissen aus der Kinder- und Jugendpsychologie durch das MfS." In: Mothes, Jörn; Gundula Fienbork; Pahnke, Rudi; Ellmereich, Renate; Stognienko, Michael: Beschädigte Seelen. DDR-Jugend und Staatssicherheit. Rostock. Edition Temmen.

Gieseke, Jens (2001): „Die DDR-Staatssicherheit. Schild und Schwert der Partei" Bonn. Bundeszentrale für politische Bildung.

Grammes, Tilman (2006): „Portraitskizze eines Schlüsselfachs" In: Grammes, Tilman; Schluß, Henning; Vogler, Hans-Joachim: Staatsbürgerkunde in der DDR. Ein Dokumentenband. Wiesbaden. VS Verlag für Sozialwissenschaften.

Gries, Sabine; Voigt, Dieter (1998): „Jugendliche IM als Forschungsfeld der ‚Wissenschaftler' des Ministeriums für Staatssicherheit". In: Behnke, Klaus; Wolf, Jürgen: Stasi auf dem Schulhof. Der Missbrauch von Kindern und Jugendlichen durch das Ministerium für Staatssicherheit. Berlin. Ullstein.

Helwig, Gisela (1984): „Jugend und Familie in der DDR. Leitbild und Alltag im Widerspruch". Köln. Edition Deutschland Archiv.

Koch, Michael (2000): „factum. Hintergründe und Erörterungen. Die Einführung des Wehrunterrichtes in der DDR". Erfurt. Landeszentrale für politische Bildung Thüringen.

Mayrhofer, Wolfgang (1999): „Demokratisierung – Sowjetisierung – Intensivierung: Das Schulwesen der SBZ/DDR im chronologischen

Überblick. In: Puhle, Matthias; Potratz, Gerhard: „"...das der Mensch was lernen muß" Bildung und Erziehung in DDR-Schule. Vorgaben, Wirklichkeiten, Ansichten. Magdeburg. Magdeburger Museen.

Mothes, Jörn (1996): „Die vom MfS entwickelten Strukturen und Strategien zur Durchsetzung der Jugendpolitik der SED" In: Mothes, Jörn; Gundula Fienbork; Pahnke, Rudi; Ellmereich, Renate; Stognienko, Michael: Beschädigte Seelen. DDR-Jugend und Staatssicherheit. Rostock. Edition Temmen.

Pahnke, Rudi-Karl; Behnke, Klaus, Hauksson, Halldór (1995): „>>Das Belehren vom hohen Katheder ist unangebracht<< Die (Ver-)Führung von Kindern und Jugendlichen durch das MfS In: Behnke, Klaus; Fuchs, Jürgen: Zersetzung der Seele. Hamburg. Rotbuch.

Wolf, Jürgen (1998): „Besondere Vorkommnisse". In: Behnke, Klaus; Wolf, Jürgen: Stasi auf dem Schulhof. Der Missbrauch von Kindern und Jugendlichen durch das Ministerium für Staatssicherheit. Berlin. Ullstein.

5. Internetquellen

„Die Stasi auf dem Schulhof", Buch und Regie: Annette Baumeister, Eine Produktion von Februar Film in Zusammenarbeit mit der BStu im Auftrag des WDR und MDR: zuletzt aufgerufen am 14.08.2013 um 18.58 Uhr
http://www.youtube.com/watch?v=U5_3fIGNAf0

„Hannelore Schneider: Gute Noten für Stasi-Schüler." Gedächtnis der Nation. 70er Jahre – Zwischen Entspannung und Terror: zuletzt aufgerufen am 14.08.2013 um 17.22 Uhr http://www.youtube.com/watch?v=0vijvH2UvdQ

http://www.BStU.bund.de/DE/BundesbeauftragterUndBehoerde/BStUZahlen/_node.html
zuletzt aufgerufen am 14.08.2013 um 12.34 Uhr

Jürgen Fuchs und die Arbeitsweise des Ministeriums für Staatssicherheit

Stefanie Eisenhuth

2008

1. Einleitung

Diese Arbeit zeichnet anhand der Biographie von Jürgen Fuchs ein Bild der Arbeitsweise des Ministeriums für Staatssicherheit (MfS). Speziell die ab den 70er Jahren durchgeführten „Zersetzungsmaßnahmen" sollen thematisiert und aufgezeigt werden. Es wird gezeigt, wie die Staatssicherheit gezielt in das Leben des Jürgen Fuchs eindrang. Am Ende wird dann zu beurteilen sein, inwiefern die Bemühungen des MfS erfolgreich waren und welche Folgen sie hatten. Mittels verschiedener Dokumente / Richtlinien der Staatssicherheit werden zunächst Begrifflichkeiten erklärt und die Vorgehensweise des Ministeriums aufgezeigt. Anhand eigener Publikationen und Aussagen des Protagonisten wird dann das Wirken der Staatssicherheit in den verschiedensten Phasen des Lebens des Jürgen Fuchs wiedergegeben. Diese Hausarbeit stützt sich zu einem großen Teil auf eigene Recherchen von Jürgen Fuchs, die er ab dem Jahr 1992 im Rahmen seiner Tätigkeit für die Behörde des Bundesbeauftragten für die Unterlagen der Staatssicherheit der ehemaligen DDR (BStU) getätigt hat.

1.1 (K)eine Biographie

Zu Beginn der Betrachtung ist es von Bedeutung, kurz die Entwicklung von Jürgen Fuchs aufzuzeigen. Dieses Kapitel hat keinen Anspruch auf eine vollständige Biographie, sondern soll vielmehr einen ersten Einblick gewähren, warum die Geschichte des Schriftstellers, Oppositionellen und Bürgerrechtlers für die Darstellung der Arbeitsweise des MfS geeignet ist. Die Angaben beruhen zum Teil auf eigenen Angaben aus der Publikation „Poesie und Zersetzung", die im Rahmen einer Vortragsreihe mit dem Titel „Literatur zur Beförderung der Humanität" im Jahr 1993 an der Friedrich-Schiller-Universität Jena gehalten wurde. Aktuellere Angaben wurden Nachrufen entnommen, die anlässlich des Todes von Jürgen Fuchs in verschiedenen Tageszeitungen erschienen sind.

Jürgen Fuchs wurde 1950 in Reichenbach, im Vogtland, geboren. Beflügelt durch die mit dem „Prager Frühling" aufgekommene Idee eines demokratischen, humanen Sozialismus", begann sich Fuchs bereits zu Abiturzeiten 1968 kritisch gegen das DDR-Regime zu äußern.[87] Gemeinsam mit anderen Schulkameraden verbreitete er an der Schule Texte des Schriftstellers Rudolf Kunze und des Liedermachers Wolf Biermann (seinem späteren guten Freund und Mentor). Dies führte dazu, dass ihm die Zulassung zur Universität zunächst verwehrt blieb. Erst 1971 wurde ihm nach mehreren Gesprächen gestattet, ein Studium der Psychologie an der Friedrich-Schiller-Universität in Jena aufzunehmen.[88] Zwei Jahre später trat Jürgen Fuchs mit der Intention in die SED ein, aktiv etwas zu einer Veränderung des Systems beitragen zu können[89]. Im Jahr 1975 wurde er nach einem gemeinsamen Auftritt mit anderen kritischen Künstlern aus der Partei ausgeschlossen und exmatrikuliert. Seine bereits mit der Note „sehr gut" bewertete Diplomarbeit wurde rückwirkend nicht anerkannt. Er erhielt Auftrittsverbot.[90]

Jürgen Fuchs zog daraufhin mit seiner Frau Liselotte und der im selben Jahr geborenen Tochter Lilo nach Berlin-Grünheide in ein Gartenhaus auf dem Grundstück des Regime-Kritikers Robert Havemann.[91] Im Rahmen der Proteste gegen die Ausbürgerung von Wolf Biermann solidarisierte sich Jürgen Fuchs mit den Protesten der DDR-Schriftsteller und wurde am 19. November 1976 aus

---

[87] Fuchs, Jürgen: Fuchs, Jürgen: Poesie und Zersetzung. Publikation zur Vorlesungsreihe Literatur zur Beförderung der Humanität, gehalten am 16. Juni 1993 im Hörsaal 24 der Friedrich-Schiller-Universität Jena, hrsg. von E. Kratschmer und U. Zwiener, Jena 1993. S. 85.

[88] Fuchs, Jürgen: Unter Nutzung der Angst. Die leise Form des Terrors – Zersetzungsmaßnahmen des MfS, Hrsg. Der Bundesbeauftragte für die Unterlagen des Staatssicherheitsdienstes der ehemaligen Deutschen Demokratischen Republik, Abteilung Bildung und Forschung, Reihe: BF informiert 2/1994, S. 17f.

[89] Mytze, Andreas W.: Jürgen Fuchs. Gesprächfragmente. Protokolliert von Doris Liebermann, Europäische Ideen Heft 114, Berlin 1999.

[90] Fuchs, Jürgen: Fuchs, Jürgen: Poesie und Zersetzung. Publikation zur Vorlesungsreihe Literatur zur Beförderung der Humanität, gehalten am 16. Juni 1993 im Hörsaal 24 der Friedrich-Schiller-Universität Jena, hrsg. von E. Kratschmer und U. Zwiener, Jena 1993. S. 85.

[91] Ebenda, S. 85.

dem Auto von Robert Havemann heraus verhaftet.[92] Er veröffentlichte das Werk „Gedächtnisprotokolle", dass die Gespräche und Verhöre an der Jenaer Universität dokumentiert. Nach neun Monaten wurde Jürgen Fuchs zur Ausreise nach West-Berlin genötigt.[93] Noch im selben Jahr erscheint das Buch „Vernehmungsprotokolle", das die Erlebnisse während der Inhaftierung beschreibt.[94]

In West-Berlin wurde Jürgen Fuchs zu einem der wichtigsten Unterstützer der DDR-Opposition.[95] Ab 1992 nahm Jürgen Fuchs auf Drängen von Wolf Biermann und Sarah Kirsch eine Beschäftigung in der so genannten „Gauckbehörde" auf, um „herauszufinden, was Zersetzung, was Liquidierung von feindlich-negativen Personenzusammenschlüssen wirklich bedeutet hat."[96] Aus diesen Recherchen resultiert sein Roman „Magdalena" – ein Bericht über seine Arbeit in der Behörde und die dabei gewonnenen Erkenntnisse. Er setzte sich für die Opfer der Stasi-Verfolgung ein und verlangte eine rigorose Aufklärung der Verbrechen des MfS. 1998 verließ er in einem großen Eklat die Gauckbehörde, da man seiner Forderung nicht nachkam, keine ehemaligen Mitarbeiter des MfS in der Behörde zu beschäftigen.[97] Im Mai 1999 verstarb Jürgen Fuchs an einer seltenen Art des Blutkrebses.[98] Ein wichtiges Leitmotto

---

[92] Neubert, Ehrhart: Geschichte der Opposition in der DDR 1949-1989, Hrsg.: Bundeszentrale für politische Bildung, Schriftenreihe Band 346, 2. Durchgesehene und erweiterte sowie korrigierte Auflage, Berlin 2000. S. 245.

[93] Ebenda, S. 85.

[94] Fuchs, Jürgen: Vernehmungsprotokolle. Berlin 1977.

[95] Neubert, Ehrhart: Geschichte der Opposition in der DDR 1949-1989, Hrsg.: Bundeszentrale für politische Bildung, Schriftenreihe Band 346, 2. Durchgesehene und erweiterte sowie korrigierte Auflage, Berlin 2000. S. 245.

[96] Fuchs, Jürgen: Magdalena. MfS, Memfisblues, Stasi, Die Firma, VEB Horch & Guck – ein Roman, Berlin 1998.

[97] Franke, Konrad: Jürgen Fuchs – Psychologe und Schriftsteller, in: Süddeutsche Zeitung, 10.05.1999

[98] Wensierski, Peter: In Kopfhöhe ausgerichtet, in: Der Spiegel, 20/1999.

von Jürgen Fuchs war es, Erinnerungen zu provozieren. Diese Hausarbeit soll einen kleinen Teil dazu beitragen.

2. Zersetzung – Definitionen und Erklärungen

Mit dem Beginn der Ära Honecker im Jahr 1971 wandelte sich die Politik der DDR. Vor dem Hintergrund der aus wirtschaftlichen Gründen nötigen internationalen Zusammenarbeit mit nichtkommunistischen Ländern war es jedoch nicht möglich, offensichtlich gegen die in der 1975 in Helsinki unterzeichneten KSZE-Schlussakte festgehaltenen Punkte zu verstoßen.[99] Vor diesem Hintergrund hatte das Ministerium für Staatssicherheit in seiner Rolle als Garant für innenpolitische Stabilität zu agieren. Die Arbeitsweise wandelte sich von offensiver, die Parteiherrschaft durchsetzender Repression zur defensiven, die Herrschaftsstruktur konservierender und sichernder Repression[100]. Erich Mielke warnte 1972 in einem internen Arbeitspapier: „Jedem Mitarbeiter des MfS muss klar sein, dass unsere aktive Politik der friedlichen Koexistenz auf gar keinen Fall ein Nachlassen des Klassenkampfes bedeutet. Es handelt sich vielmehr um eine spezifische Form der Systemauseinandersetzung, die insbesondere dadurch gekennzeichnet ist, dass die historisch unausweichliche Auseinandersetzung mit dem Imperialismus mit friedlichen Mitteln geführt wird (...).„[101]

Die neuen Methoden wurden erstmals 1976 in der Richtlinie „zur Entwicklung und Bearbeitung Operativer Vorgänge" definiert. Diese „Zersetzungsmaßnahmen" genannten Arbeitstechniken dienten dazu, „Operative

---

[99] Weber, Herrmann: DDR: Grundriss der Geschichte. Vollständig überarbeitete und ergänzte Neuauflage, Hannover 1991. S. 129ff.
[100] Gieseke, Jens: Der Mielke-Konzern. Die Geschichte der Stasi 1945-1990, München 2001, S. 177.
[101] Erich Mielke: Referat für die Dienstkonferenz, Entwurf vom 25.02.1972 (als Arbeitsmaterial verschickt) entnommen aus: Jens Gieseke: Die DDR-Staatssicherheit. Schild und Schwert der Partei, Bonn 2001, Bundeszentrale für politische Bildung.

Vorgänge"[102], die aus oben genannten Gründen (Image und Politik) nicht durch eine strafrechtliche Verfolgung und Inhaftierung zu beenden waren, anderweitig abzuschließen. Ein „Operativer Vorgang" (OV) wurde vom MfS wie folgt definiert: „Bezeichnung für 1. den einzelnen Prozess der Vorgangsbearbeitung, in dem der Verdacht strafbarer Handlungen (Staatsverbrechen oder operativ bedeutsame Straftat der allgemeinen Kriminalität) einer oder mehrere, bekannter oder unbekannter Person(en) geklärt wird. Das Anlegen, die Bearbeitung und der Abschluss des OV erfolgt nach den Grundsätzen der Vorgangsbearbeitung und entsprechend den für jeden OV festzulegenden Zielen der Bearbeitung. OV können sein Zentrale Operative Vorgänge (ZOV)[103], Teilvorgänge (TV) und einzelne Vorgänge (OV). Der OV sowie die in ihm genannten Verdächtigen, Feindorganisationen, feindliche Kräfte sowie andere operativ relevante Personen sind entsprechend den dienstlichen Bestimmungen und Weisungen in der Abteilung XII in dafür festgelegter Weise registriert."

Die „operative Zersetzung"[104] wird im Wörterbuch der Staatssicherheit wie folgt beschrieben: „Operative Methode des MfS zur wirksamen Bekämpfung subversiver Tätigkeit, insbesondere in der Vorgangsbearbeitung. Mit der Zersetzung wird durch verschiedene politisch-operative Aktivitäten Einfluss auf feindlich-negative Personen, insbesondere auf ihre feindlich-negativen Einstellungen und Überzeugungen in der Weise genommen, dass diese erschüttert oder allmählich verändert werden bzw. Widersprüche sowie Differenzen zwischen feindlich-negativen Kräften hervorgerufen, ausgenutzt oder verstärkt werden. Ziel der Zersetzung ist die Zersplitterung, Lähmung, Desorganisierung und Isolierung feindlich-negativer Kräfte, um dadurch

---

[102] Bundesbeauftragten für die Unterlagen der Staatssicherheit der ehemaligen DDR (BStU), Abteilung Bildung und Forschung: Das Wörterbuch der Staatssicherheit. Definitionen des MfS zur „politisch-operativen Arbeit". Reihe A: 1/93, Berlin 1993, S. 287.

[103] Maßnahmen im Operationsgebiet West-Berlin und in der Bundesrepublik, ebenda, S. 462 f.

[104] Ebenda, S. 464.

feindlich-negative Handlungen einschließlich deren Auswirkungen vorbeugend zu verhindern, wesentlich einzuschränken oder gänzlich zu unterbinden bzw. eine differenzierte politisch-ideologische Rückgewinnung zu ermöglichen."

In der „Richtlinie 1/76"[105] selbst werden die Methoden und Maßnahmen der Zersetzung konkretisiert. So heißt es unter Punkt 2.6.2.: „Bewährte anzuwendende Formen der Zersetzung sind: systematische Diskreditierung des öffentlichen Rufes, des Ansehens und des Prestiges auf der Grundlage miteinander verbundener wahrer, überprüfbarer und diskreditierender sowie unwahrer, glaubhafter, nicht widerlegbarer und damit ebenfalls diskreditierender Angaben; systematische Organisierung beruflicher und gesellschaftlicher Misserfolge zur Untergrabung des Selbstvertrauens einzelner Personen; zielstrebige Untergrabung von Überzeugungen im Zusammenhang mit bestimmten Idealen, Vorbildern usw. und die Erzeugung von Zweifeln an der persönlichen Perspektive; Erzeugung von Misstrauen und gegenseitigen Verdächtigungen innerhalb von Gruppen, Gruppierungen und Organisationen; Erzeugung bzw. Ausnutzen und Verstärken von Rivalitäten innerhalb von Gruppen, Gruppierungen und Organisationen durch zielgerichtete Ausnutzung persönlicher Schwächen einzelner Mitglieder, Beschäftigung von Gruppen, Gruppierungen und Organisationen mit internen Problemen mit dem Ziel der Einschränkung ihrer feindlich-negativen Handlungen, örtliches und zeitliches Unterbinden bzw. Einschränken der gegenseitigen Beziehungen der Mitglieder einer Gruppe, Gruppierungen oder Organisationen auf der Grundlage geltender gesetzlicher Bestimmungen z.B. durch Arbeitsplatzbindungen, Zuweisung örtlicher entfernt liegender Arbeitsplätze usw."

Im Folgenden wird anhand von Jürgen Fuchs exemplarisch aufgezeigt, wie das MfS basierend auf der genannten Richtlinie arbeitete. Dargestellt werden die

---

[105] Fricke, Karl Wilhelm: MfS intern. Macht, Strukturen, Auflösung der DDR-Staatssicherheit. Analyse und Dokumentation, Köln 1991, S. 126.

Zersetzungsmaßnahmen in der Studentenzeit, die Methoden des MfS während der Inhaftierung sowie die fortsetzende operative Bearbeitung nach der Abschiebung des Jürgen Fuchs nach West-Berlin.

3. Der Beginn – Jürgen Fuchs in Jena

In diesem und den folgenden zwei Kapiteln wird hauptsächlich auf folgenden Bericht zurückgegriffen: „Unter Nutzung der Angst" von Jürgen Fuchs, erschienen in der Abteilung Bildung und Forschung des Bundesbeauftragten für die Unterlagen des Staatssicherheitsdienstes der ehemaligen Deutschen Demokratischen Republik (BStU). In dieser Analyse stellt der Autor eigenes Erleben neben die Ergebnisse seiner Recherchen im Archiv des BStU.

Bereits zu Schulzeiten wurde das MfS auf Jürgen Fuchs aufmerksam. Dies resultierte aus einer Aktivität der Jenaer Kreisdienststelle des MfS, die mehrere Personen beobachtete, die unter dem Verdacht der politisch-ideologischen Diversion – der verdeckten Aufweichung der DDR-Bevölkerung im allgemeinen und der SED-Mitgliedschaft im Besonderen durch non-konformes Gedankengut[106] – standen. Ein Lehrer der EOS stach hervor, da er seine Schüler – einen sogar in besonderem Ausmaß – zu einer kritischen Auseinandersetzung mit dem Marxismus-Leninismus aufforderte. Diese Meldung an das Ministerium für Staatssicherheit in Berlin ist die erste schriftliche Erwähnung der Person Jürgen Fuchs. Das MfS wurde hellhörig und der Schüler wurde nach seiner Schulzeit direkt in die NVA eingezogen. Ein Studium war ihm somit zunächst nicht möglich. Es folgten zahlreiche Beschwerden, Aussprachen und Vorladungen, bis ihm 1971 doch die Aufnahme des Studiums der Psychologie ermöglicht wurde. Im November des Jahres wird die Operative

---

[106] Ein unter Erich Mielke eingeführtes neues MfS-Feindbild, dass besagt, dass die imperialistische Strategie wäre, revisionistische und opportunistische Strömungen innerhalb der DDR durch geistige Einflüsse verdeckt zu fördern. Entnommen: Gieseke, Jens: Der Mielke-Konzern. Die Geschichte der Stasi 1045-1990. Erweiterte und aktualisierte Neuauflage des Titels „Mielke-Konzern", München 2006.

Personenkontrolle „OPK Fuchs" eingeleitet. Es heißt: „Der Student hat nach seiner Entlassung aus der EOS (Erweiterte Oberschule) und während seines Wehrdienstes durch ausgedehnten Briefwechsel und persönlichen Kontakt verstärkten Einfluss auf Schüler seiner ehemaligen Schule zu nehmen versucht und hat sich zum geistigen Zentrum einer Gruppe von Schülern gemacht, die sich ohne Anleitung intensiv mit Philosophie beschäftigen und unter dem Vorwand, den Marxismus-Leninismus auf seine Richtigkeit überprüfen zu wollen, an die Grenze staatsfeindlicher Handlungen und Äußerungen geraten sind."[107] Die Bearbeitung des Falles begann zunächst mit der Erarbeitung eines Profils des Jürgen Fuchs sowie der Erforschung seines Freundes- und Bekanntenkreises. Die charakterliche Einschätzung beschreibt den Jenaer Studenten als gebildet und überheblich mit einer generell kritischen Haltung, die auf revisionistischen und linksradikalen Einstellungen basiert. Seine Schriften würden den realen Sozialismus verfälschen und er würde in ihnen die Position des Klassenfeindes vertreten.[108] Am 08. September 1973 versucht das MfS vergeblich, Jürgen Fuchs als IM zu werben. Daraufhin wird der OPK eingestellt. Eine weitere Bearbeitung erfolgt dennoch im OV „Revisionist" sowie im OV „Pegasus".

3.1 Der OV Revisionist

Im Jahr 1974 wurde der Operative Vorgang „Revisionist" eröffnet, der sich mit einer „negativen studentischen Gruppierung" beschäftigte. Zehn Stasi-Offiziere überwachten eine Gruppe von sieben Studenten, die „revisionistisches und sozialdemokratisches Gedankengut" verbreiteten. In die Gruppe wurden IMB „Rose" und „Coja" eingeschleust, um bestehende Kontakte zu den Studenten zu intensivieren und somit in ihre Pläne eingeweiht zu werden. Ziel war es, eine strafrechtliche Verfolgung zu ermöglich. Es wurden konkrete Anweisungen

---

[107] BStU, Jürgen Fuchs: Unter Nutzung der Angst, 2/1994, S. 17f.
[108] Ebenda, S. 18.

erteilt, wie die IM das Vertrauen gewinnen und wie sie es nutzen konnten. Den Akten des OV Revisionist können die einzelnen Maßnahmen der IM entnommen werden. So erhält IMB Coja unter anderem folgenden Auftrag: „Klärung der Gründe der Trennung des X von seiner Freundin Y. Anbieten der Suche des IMB nach einer passenden Freundin." Die einzelnen Maßnahmen wurden in den Akten zum OV Revisionist in den Bänden 1 und 11 dokumentiert. Zunächst war die Analyse der Zielpersonen von Bedeutung. Das MfS ermittelte im unmittelbaren Umfeld aller der Gruppierung Angehörigen zur Erstellung von Persönlichkeitsbildern und Auskunftsberichten. Diese Auskunftsberichte enthielten nebst Informationen zu persönlichen Verbindungen auch detaillierte Auskünfte zu den Wohnsituationen der Studenten (Grundrisse, Einrichtung der Wohnung, Struktur des Wohnhauses, umliegende Infrastruktur etc.) Zur Gewinnung dieser Informationen wurde auf das Abhören von Telefonen, auf Postkontrollen, Beobachtungen sowie auf den Einsatz von IMB (inoffizielle Mitarbeiter mit Feindberührung) zurückgegriffen. Geruchsproben wurden gesammelt, Schriftbilder von Schreibmaschinen wurden erstellt, Notizkalender entwendet und Fingerabdrücke gesammelt. Zusätzlich wurde gezielt kompromittierendes Material wie zum Beispiel Drogen platziert. Ziel war die „Zurückdrängung, Isolierung, Zersetzung und Zerschlagung der Gruppierung".[109] Insgesamt arbeiteten 15 IMB aktiv am OV Revisionist.

Die Zeit verging jedoch, ohne dass die Studenten nach gültigen Gesetzen strafrechtlich verfolgt werden konnten. Das MfS begann mit der Planung einer Operativen Kombination, an deren Ende entweder eine Inhaftierung, die Werbung als Mitarbeiter des MfS oder die Zersetzung stehen sollte.[110] Als Methode sollte die Schaffung einer fiktiven Gruppe mit einem fiktiven Anführer

---

[109] BStU, Jürgen Fuchs: Unter Nutzung der Angst, 2/1994, S. 21f.
[110] BStU, Jürgen Fuchs: Unter Nutzung der Angst, 2/1994, S. 23 f.

dienen, um die Beweise für eine staatsfeindliche Gruppenbildung schaffen zu können. Sollten in der kommenden Zeit keine geeigneten Beweise gefunden werden, so sollte dieser Plan in Kraft treten.

3.2 Der OV Pegasus

Ebenfalls im Jahr 1974 eröffnete das MfS den OV Pegasus. Zielpersonen dieses Vorgangs waren die Mitglieder eines Literaturzirkels. Unter anderem aufgrund der Freundschaft und des daraus resultierenden Gedankenaustausches mit Wolf Biermann und Reiner Kunze warf man den Mitgliedern gemäß §106 des StGB der DDR „staatsfeindliche Hetze" vor.[111] Bereits 1973 war in Jena eine kulturelle Szene entstanden, zu der mehrere junge Schriftsteller gehörten, die sich regelmäßig in Zirkeln trafen, Lesungen veranstalteten und Jugendlichen aus den Betrieben der Stadt ein kulturelles Angebot offerierten. Diese eigenständige Form der Jugendarbeit ohne jegliche staatliche Kontrolle, der Kontakt zu Personen wie Wolf Biermann und Robert Havemann sowie die kritische Auseinandersetzung mit verschiedensten politischen Themen waren ausschlaggebend für das Eingreifen des MfS.[112] Zunächst wurde die Arbeit im Kulturhaus, in dem man sich regelmäßig traf, verboten und schließlich, als die Studenten ihre Tätigkeit in Räumen der Gemeinde Jena-Stadtmitte fortsetzten, begann man, die Protagonisten dieser Szene mit Zersetzungsmaßnahmen zu bearbeiten. Es folgten Publikations- und Auftrittsverbote, Einberufungen zum Wehrdienst, Inhaftierungen, Ausbürgerungen und die gezielte Vortäuschung einer Tätigkeit für das MfS.[113] Zielstellung war dieses Mal die „konzentrierte Bearbeitung und umgehende Liquidierung, Zurückdrängung, Zersetzung,

---

[111] BStU, Jürgen Fuchs: Unter Nutzung der Angst, 2/1994, S. 25.
[112] Neubert, Ehrhart: Geschichte der Opposition in der DDR 1949-1989, 2. Durchgesehene und erweiterte sowie korrigierte Auflage, Berlin 2000, Bundeszentrale für politische Bildung, S. 240f. und S. 293f.
[113] BStU, Jürgen Fuchs: Unter Nutzung der Angst, 2/1994, S. 27.

Verunsicherung aller negativen Einflüsse der Vorgangspersonen".[114] Jürgen Fuchs stellte in diesem OV nicht die Zielperson dar, wurde aber aufgrund seiner schriftstellerischen Tätigkeit unter dem Vorwurf des Missbrauchs der Lyrik behandelt. Das MfS setzte Spitzel auf ihn an und erkundete nebst seiner kulturellen Aktivitäten auch sein Privatleben. Jürgen Fuchs realisierte die Verfolgung und wurde vorsichtig, seine Arbeit stellte er nicht ein. Aus diesem Grund erfolgte im Jahr 1975 die Exmatrikulation nach einem öffentlichen Auftritt mit dem Texter der Musikgruppe „Renft", Gerulf Pannach, und Bettina Wegner. Der Vorwurf lautete, er habe „das Ansehen der Universität in der Öffentlichkeit geschädigt".

4. Die Haftzeit – Zelleninformatoren und die Toxdat

Die Familie Fuchs zog nach Berlin auf das Grundstück von Robert Havemann. In einem Gespräch von 1996 mit Doris Liebermann, einer ehemaligen Jenaer Kommilitonin, beschrieb Jürgen Fuchs seinen Aufbruch aus Jena: „Als ich 75 mit unserer Lili, kleines Kind, zusammen nach Grünheide gefahren wurde von Wolf Biermann, er hat uns richtig rausgeholt aus Jena, die Stasi stand vor dem Haus, hatte eine konspirative Wohnung angelegt, unten, das war eine richtige Volltime-Überwachung, wie in so einem Irrenhaus, kann ich sagen, da ist er hin zu unserem Auto gegangen und hat gesagt: Wenn ihr den angreift, oder die angreift, dann müsst ihr mich mitnehmen. Das war natürlich sehr stark für mich. Ein Schutz, ein Aufschub der Verhaftung um ein Jahr..."[115] Dieser Aufschub sollte genau ein Jahr währen. Jürgen Fuchs hatte seine Inhaftierung bereits vorausgesehen: „Wenn du dir vorstellst, oder wenn man sich vorstellt, dass man in solch einer Weise beschattet und drangsaliert wird, gerade dieses ganz dichte Hinterherfahren, dieses im Hausflur stehen, dieses auch Anpöbeln (...), da kann

---

[114] BStU, Jürgen Fuchs: Unter Nutzung der Angst, 2/1994, S. 26.
[115] Mytze, Andreas W.: Jürgen Fuchs. Gesprächfragmente. Protokolliert von Doris Liebermann, Europäische Ideen Heft 114, Berlin 1999, S. 9

man doch auf gar keine andere Ideen kommen, als dass sich nun wie in einer Schlinge zuzieht."[116] Der kritische, unbequeme Student ist zum Staatsfeind geworden: „Er vertritt öffentlich die Position des Klassenfeindes und geht dabei so weit, unsere Gesellschaftsordnung mit dem Faschismus zu identifizieren. Durch diese Haltung erweist er sich als Handlanger des Imperialismus."[117]

IM Fischer wurde nun auf Robert Havemann, Wolf Biermann, Jürgen Fuchs und deren Frauen angesetzt. Er ist der Ehemann der früheren Verlobten und Mutter des ersten Kindes von Jürgen Fuchs.[118] Erneut wurden Informationen über den Schriftsteller gesammelt. Fischer drang in den Bekanntenkreis ein, kundschaftete Verbindungen zu anderen Oppositionellen, Freizeitverhalten, Gesprächsthemen und Ideen bzw. Pläne aus.

Ein Ereignis sollte schließlich alles verändern: Am 16. November 1976 erfolgte die Ausbürgerung von Wolf Biermann. Eine Protestwelle startete unter den Künstlern, Schriftstellern und Intellektuellen der DDR. In den nächsten Tagen erfolgten seitens des MfS 101 Zuführungen, gegen 8 Personen wurden Ermittlungsverfahren aufgenommen, gegen weitere 10 Personen Ordnungsstrafverfahren eingeleitet, 41 Personen mussten sich Erziehungsmaßnahmen unterziehen und weitere 42 Personen wurden in Untersuchungshaft genommen.[119] Unter ihnen war auch Jürgen Fuchs. Er wurde am 19. November 1976 verhaftet. Gemeinsam mit Robert Havemann hatte er sich an westdeutsche Medien gewandt[120] und auch die Proteste seiner Jenaer

---

[116] Ebenda, S.9f.
[117] BStU. Jürgen Fuchs: Unter Nutzung der Angst, 2/1994, S. 26.
[118] Fuchs, Jürgen: Magdalena. Berlin, 1998. S. 451ff.
[119] Wolf Biermann & andere Autoren: Die Ausbürgerung. Anfang vom Ende der DDR. Berlin, 2001. S. 369.
[120] Fuchs, Jürgen: Zwo! In: Wolf Biermann & andere Autoren: Die Ausbürgerung. Anfang vom Ende der DDR. Berlin, 2001.S. 244ff.

Freunde unterstützt.[121] Bis zum Herbst 1977 wird er in Berlin-Hohenschönhausen festgehalten. Hier wird er mit neuen Maßnahmen des MfS konfrontiert. „Es war eine sehr harte U-Haft-Zeit mit mehreren Vernehmern, die sich große Mühe gaben, mich fast täglich zu vernehmen, oder was rauszukriegen, oder Aussagen zu erpressen, Distanzierung von meinen eigenen Arbeiten, Distanzierung von den Freunden und eben belastendes Material über mich und andere. (...) Das war eine sehr harte Zeit für mich, es wurden verschiedene psychologische Methoden angewandt, die ich als psychische Folter ansprechen würde, und Zellenbedingungen zusammen mit einem Zellenspitzel, der unter anderem auch mit Gewalt drohte, und eben sehr zugespitzten, auch physischen, ja, Angriffen würde ich sie bezeichnen, z.B. eine total überhitzte Zelle (...)."[122] Der Gefangene wurde stundenlangen Verhören ausgesetzt, in denen verschiedenste Methoden ihn zum Reden bringen sollten: anbrüllen, stundenlanges Schweigen, verschiedenste Versprechungen, dann wieder Drohungen, einsetzen von sympathischen Vernehmern zur Vertrauensgewinnung, streuen von Gerüchten über Freunde und die eigene Ehefrau.[123] Hinzu kam die von Fuchs und anderen ehemaligen durch das MfS Inhaftierten bezeugte Verwendung von Medikamenten zur Beeinflussung des Vernommenen: „Gleichzeitig konnte ich mehrfach an mir die Wirkung von Psychopharmaka beobachten, ich bin ja nun ausgebildeter Psychologe und kenne auch die Wirkungen von Medikamenten, (...) dass ich reduziert war, ich merkte lange Zeit auch Spuren in meiner Muskulatur, in meinen spontanen Bewegungen Veränderungen."[124]

---

[121] Mytze, Andreas W.: Jürgen Fuchs. Gesprächfragmente. Protokolliert von Doris Liebermann, Europäische Ideen Heft 114, Berlin 1999, S. 10.
[122] Ebenda, S. 11.
[123] Ebenda, S. 15f.
[124] Ebenda, S. 15f.

Ein Zelleninformator (ZI), ein als IM geführter Mithäftling, wurde auf den Inhaftierten angesetzt, sein Deckname: Karl Wolf[125]. Die Aufgaben des ZI variierten je nach Auftrag seitens des MfS und konnten sich auf Informationsgewinnung, Motivation und Erbauung oder auch psychischen Terror belaufen.

Erst viele Jahre später tauchte eine weitere Vermutung auf, die bis heute nicht ausreichend belegt werden kann. Das MfS soll gezielt radioaktive Strahlen eingesetzt haben, um bei den Häftlingen nicht nachweisbare Langzeitschäden bzw. einen schleichenden Tod zu verursachen. Dies soll bei angeblichen Fototerminen durch ein Röntgengerät erfolgt sein, das sich in einem Kasten hinter dem Stuhl des Häftlings befand.[126] Neben den gefundenen Röntgengeräten dient auch eine im Jahr 1987 in der „Sektion Kriminalistik" der Berliner Humboldt-Universität angefertigte Ausarbeitung mit dem Titel „Toxdat" als Indiz für die Verwendung radioaktiver Stoffe bei unliebsamen Staatsgegnern. In diesem Abschlußbericht zu dem Forschungsthema „Untersuchungen zu chemischen Substanzen mit besonderer kriminalistischer Relevanz" werden verschiedenen giftige und radioaktive Stoffe benannt, wie sie eingesetzt werden können und welche Vor- bzw. Nachteile sie aufweisen.[127] Die in Gera gefundene Strahlenkanone war nicht beim Amt für Atomsicherheit und Strahlenschutz der DDR angemeldet. Ihre Leistung war nur gering, konnte aber dennoch bei längerer Bestrahlung kurzfristig zu einem Strahlenkater, Hautrötungen und Haarausfall sowie längerfristig zu einer Krebserkrankung führen. Jürgen Fuchs: „Ich hatte einen Kreislaufzusammenbruch, der unmittelbar im Zusammenhang stand mit einem starken Druck in den Vernehmungen, aber auch mit noch, sagen wir rätselhaften, schlagartigen

---

[125] Fuchs, Jürgen: Magdalena. Berlin, 1998. S. 275ff.
[126] Der Spiegel: In Kopfhöhe ausgerichtet. Ausgabe 20, 1999. S. 42.
[127] Fuchs, Jürgen: Magdalena. Berlin, 1998. S. 409ff.

Gesundheitsveränderungen, die einsetzten, also dass ich plötzlich Schleimhäute entzündet hatte und kaum mehr die Treppen laufen konnte. Also ganz stark reduziert war. Aus heutiger Sicht würde ich sagen, auch mit zunehmender medizinischer Kenntnis, das waren schon Anzeichen, mögliche Indizien für einen Strahlenkater (...)."[128] Einige der Inhaftierten berichten heute von Lampengeräuschen, die sie während der teilweise stundenlangen Fototerminen wahrnahmen. Auch deuten einige Funde in den ehemaligen Gefängnissen auf eine vorsätzliche Verstrahlung der Gefangenen hin.[129]

Im August 1977 stellte man Jürgen Fuchs vor die Wahl: eine längere Haftstrafe oder die Ausreise nach West-Berlin. Die Familie durfte ihm folgen.

5. Im Westen nichts Neues – die Verfolgung in West-Berlin

In West-Berlin ließ die Verfolgung des Jürgen Fuchs keinesfalls nach. Der Zentrale Operative Vorgang (ZOV) Opponent wurde eröffnet. Zuständig war nun auch die Hauptabteilung Aufklärung unter der Leitung von Markus Wolf. Der Vorwurf belief sich erneut auf staatsfeindliche Hetze – mittlerweile im schweren Fall – sowie auf landesverräterische Nachrichtenübermittlung.[130] Weitere Maßnahmen der Zersetzung wurden eingeleitet. Zunächst galt es, die Inhalte der publizierten „Vernehmungsprotokolle" zu widerlegen und den Autor zu diffamieren. Der ehemalige ZI verfasste seine eigene Version der Zeit des gemeinsamen Zellenaufenthaltes und veröffentlichte diese ebenfalls in der BRD.[131] Nur die Aussage eines anderen Mithäftlings relativieren die Kritik und Skepsis gegenüber den „Vernehmungsprotokollen". Erst die nach Öffnung der Stasi-Akten gefundenen Notizen des ZI belegen dann endgültig, dass die von

---

[128] Mytze, Andreas W.: Jürgen Fuchs. Gesprächfragmente. Protokolliert von Doris Liebermann, Europäische Ideen Heft 114, Berlin 1999, S. 16.
[129] Der Spiegel: In Kopfhöhe ausgerichtet. Ausgabe 20, 1999, S. 44.
[130] BStU. Jürgen Fuchs: Unter Nutzung der Angst, 2/1994, S. 33ff.
[131] Ebenda, S. 33.

ihm herausgegebene Version erfunden war.[132] Die Bearbeitung des „Opponent" wird intensiviert, die Situation spitzt sich zu. Am 26. Mai 1982 wird schließlich der Haftbefehl gegen Jürgen Fuchs erlassen.[133] Mittlerweile wird die gesamte Familie des Fuchs vom MfS ins Visier genommen. Die Eltern als OPK „Reinecke" und „Wolke", die Schwester als OPK „Kantor", die Ehefrau wird ebenfalls als feindlich eingestuft und gegen ihre Schwester wird die OPK „Schwager" eingeleitet.[134] Der Höhepunkt der Verfolgung der Familie ist zweifelsohne der Selbstmord der Schwiegermutter des Fuchs. Nach einem Verhör durch die Staatssicherheit nahm sie sich in ihrer Wohnung das Leben. An ihren Armen wurden laut Jürgen Fuchs Schnitt- bzw. Kampfspuren gefunden.[135]

Fuchs wurde weiteren Maßnahmen ausgesetzt. Jürgen Fuchs fand folgende Notiz in den Akten des ZOV Opponent: „Im Zeitraum von Ende August bis Ende September 1982 wurden in konzentrierter Form spezielle Maßnahmen mit dem Ziel realisiert, F. zu verunsichern und in seinem Handlungsspielraum zu beeinträchtigen. Das betraf u.a.: F. wurde kontinuierlich, vor allem in den Nachtstunden, in seiner Wohnung angerufen, ohne dass sich der Anrufer meldete. Gleichzeitig wurde jeweils der Fernsprechanschluss zeitweilig blockiert. Im Namen von F. wurde eine Vielzahl von Bestellungen von Zeitungen, Zeitschriften, Prospekten, Offerten und dergleichen aufgegeben, darunter auch Bestellungen, die zur Kompromittierung des F. geeignet sind. Mehrfach wurden Taxis und Notdienste (Schlüsseldienst, Abflussnotdienst, Abschleppdienst) vorwiegend nachts zur Wohnung des F. bestellt. Mit einer

---

[132] Fuchs, Jürgen: Magdalena. Berlin, 1998. S. 275ff.
[133] BStU. Jürgen Fuchs: Unter Nutzung der Angst, 2/1994, S. 34.
[134] Ebenda, S. 35f.
[135] Mytze, Andreas W.: Jürgen Fuchs. Gesprächfragmente. Protokolliert von Doris Liebermann, Europäische Ideen Heft 114, Berlin 1999, S. 19f.

Vielzahl von Dienstleistungsunternehmen und anderen Einrichtungen wurden zu unterschiedlichen Tageszeiten, einschließlich der Wochenenden, Besuche bei (...) vereinbart (Beratung von Wohnungs- und Kücheneinrichtung sowie zur Badausstattung, Polstermöbelaufbereitung oder -reinigung, Wohnungsreinigung, Fensterputzer, Abholung von Schmutzwäsche, von Teppichen und Gardinen; Verkauf von Antiquitäten, Antiquariatsartikeln, Musikinstrumenten, Wohnungsauflösung, Abholung von Autowracks, Reparatur von Fernsehgeräten und Waschmaschinen; Möbeltransport, Ungezieferbekämpfung, Bereitstellung von Mietautos mit Fahrer, Massage, Beratung über Versicherungsabschlüsse, Buchung von Reisen; Bestellung von Menüs). Die dazu durchgeführten Überprüfungen ergaben, dass sich F. angesichts der von den beauftragten Unternehmen veranlassten Aktivitäten, der wiederholten Störungen und des massiven (...) Eintreffens von Materialien unterschiedlichster Art belästigt fühlt und darüber verärgert ist."[136]

Doch dies ist nicht alles. Fuchs fand ebenfalls in den Akten den perfekt dokumentierten Schulweg seiner Tochter: „Der war genau beschrieben, entweder Entführungsabsichten hier, oder vielleicht einen Unfall provozieren, oder eben sie zu erschrecken (...)."[137] Die Baudenzüge der Felgenbremsen des Kinderfahrrads wurden angeschnitten und Manipulationen am Auto wurden laut Jürgen Fuchs festgestellt. Das Ende der Bedrohung datiert er auf das Jahr 1993.[138]

6. Fazit – die Problematik des Erlebten

Die aufgezeigten Methoden, mit denen das MfS Jürgen Fuchs über die Jahre hinweg nicht nur beobachtet, sondern aktiv sowohl in sein privates als auch

---

[136] BStU. Jürgen Fuchs: Unter Nutzung der Angst, 2/1994, S. 39.
[137] Mytze, Andreas W.: Jürgen Fuchs. Gesprächfragmente. Protokolliert von Doris Liebermann, Europäische Ideen Heft 114, Berlin 1999, S. 19.
[138] Ebenda, S. 18f.

berufliches Leben eingegriffen hat, verdeutlichen, wie intensiv so genannte Staatsfeinde bearbeitet wurden. Nicht nur die als feindliche betrachtete Person sondern zusätzlich das gesamte Umfeld desjenigen wurden in die Operative Bearbeitung integriert. Ob dies im Fall Jürgen Fuchs als erfolgreicher Vorgang betrachtet werden kann? Die dargestellten Fakten zeigen eher das Gegenteil. Die eigentlich zersetzend wirkenden Maßnahmen haben Fuchs nicht gelähmt, sondern ihm viel mehr die Kraft und die Willensstärke gegeben, im Rahmen seiner Möglichkeiten intensiv gegen das Regime der damaligen DDR vorzugehen. „Und die Kraft habe ich genommen, weil ich im Gefängnis knapp über ein Jahr diese Art von Härte erlebt habe, weil ich Kasernenhof kannte, weil ich vorbereitet war auf die Auseinandersetzung und sie auch wollte. Und weil ich dachte, dass es nicht durchgehen kann, im Sinne der Einschüchterung, Im Sinne des Rückzugs ins Private, im Sinne von Klein-Beigeben oder Leisewerden (...)"[139]

Die DDR hat Fuchs nicht gebrochen. Das Geschehene wirkte belastend aber nicht schwächend. In einem seiner Gedichte, entnommen aus dem Werk „Poesie und Zersetzung", drückte er die Problematik des Erlebten aus: „Das Schlimme ist nicht / in einer Zelle zu sitzen / und verhört zu werden / Erst danach / Wenn du wieder vor einem Baum stehst / oder eine Flasche Bier trinkst / und dich freuen willst / richtig freuen / wie vorher / erst dann."[140]

Jürgen Fuchs sah sich selbst nur bedingt als Opfer. Er war ein Opfer staatlicher Verfolgung und Folter. Dennoch sagte er 1993 in einer Vorlesung an der Jenaer Universität: „Aber ich wiederhole, nicht als Opfer stehe ich vor Ihnen, sondern als oppositioneller Schriftsteller, der zu einem bestimmten Zeitpunkt anfing, die

---

[139] Mytze, Andreas W.: Jürgen Fuchs. Gesprächfragmente. Protokolliert von Doris Liebermann, Europäische Ideen Heft 114, Berlin 1999, S. 20f.
[140] Fuchs, Jürgen: Poesie und Zersetzung. Erste Vorlesung in der Reihe Literatur zur Beförderung der Humanität, hrsg. von E. Kratschmer und U. Zwiener, Jena 1993.

Diktatur der DDR-Funktionäre zu thematisieren und sie so zu bekämpfen, und auch herauszufordern."[141]

Der Versuch, Menschen einzuschüchtern, hat zumeist Resignation oder Kampfgeist zur Folge. In vielen Fällen gelingt die Unterdrückung und die Personen werden leise. Einige Wenige macht es jedoch stark und sie sagen sich: „Jetzt erst recht." Jürgen Fuchs war einer von ihnen. Mit seinem literarischen Werk sowie mit seiner Tätigkeit als Bürgerrechtler hat er einen großen Beitrag dazu geleistet, die Grausamkeiten des Ministeriums für Staatssicherheit an die Öffentlichkeit zu bringen.

Scheinwerfer

Die mich anfallen / Bis sie vorüber sind / Und mich blass sehen / Und geblendet / Verstehe ich gut / In ihrer Wut / Denn ich leuchte / Zwar matt / Aber sie durchleuchten mich nicht / Und ich nehme ihnen die Sicht / Ein wenig: / Nicht unsichtbar / Nicht zu übersehen / Mit mir müssen sie rechnen.

Aus den „Gedächtnisprotokollen" von Jürgen Fuchs, 1977.

---

[141] Fuchs, Jürgen: Poesie und Zersetzung. Erste Vorlesung in der Reihe Literatur zur Beförderung der Humanität, hrsg. von E. Kratschmer und U. Zwiener, Jena 1993, S. 26.

7. Literaturverzeichnis

Fuchs, Jürgen: Poesie und Zersetzung: Erste Vorlesung in der Reihe Literatur zur Beförderung der Humanität, gehalten am 16. Juni 1993 im Hörsaal 24 der Friedrich-Schiller-Universität Jena, hrsg. von E. Kratschmer und U. Zwiener, Jena 1993.

Fuchs, Jürgen: Unter Nutzung der Angst. Die leise Form des Terrors – Zersetzungsmaßnahmen des MfS, Hrsg. Der Bundesbeauftragte für die Unterlagen des Staatssicherheitsdienstes der ehemaligen Deutschen Demokratischen Republik, Abteilung Bildung und Forschung, Reihe: BF informiert 2/1994.

Fuchs, Jürgen: Magdalena. MfS, Memfisblues, Stasi, Die Firma, VEB Horch & Guck – ein Roman, Berlin 1998.

Fuchs, Jürgen: Gesprächsfragmente, protokolliert von Doris Liebermann, in: europäische ideen, Heft 114 (1999), S. 1-34.

Fuchs, Jürgen und Behnke, Klaus: Zersetzung der Seele. Psychologie und Psychiatrie im Dienste der Stasi, Hamburg 1995

Mytze, Andreas W.: In memoriam Jürgen Fuchs, in: europäische ideen, Heft 115 (2000)

Neubert, Ehrhart: Geschichte der Opposition in der DDR 1949-1989, Hrsg.: Bundeszentrale für politische Bildung, Schriftenreihe Band 346, 2. Durchgesehene und erweiterte sowie korrigierte Auflage, Berlin 2000.

Gieseke, Jens: Der Mielke-Konzern. Die Geschichte der Stasi 1045-1990. Erweiterte und aktualisierte Neuauflage des Titels „Mielke-Konzern", München 2006.

Biermann, Wolf und andere Autoren: Die Ausbürgerung. Anfang vom Ende der DDR. Hrsg. v. Fritz Pleitgen, Berlin 2001

Gieseke, Jens: Die DDR-Staatssicherheit. Schild und Schwert der Partei, Hrsg. v. Bundeszentrale für politische Bildung, durchgesehener Nachdruck, Bonn 2001

Wensierski, Peter: In Kopfhöhe ausgerichtet, in: Der Spiegel, 20/1999

Franke, Konrad: Jürgen Fuchs – Psychologe und Schriftsteller, in: Süddeutsche Zeitung, 10.05.1999

Website der Stiftung Gedenkstätte Berlin-Hohenschönhausen / Häftlingsbiographien / Jürgen Fuchs, geladen am 08.09.2006 um 18.44 Uhr

Der bedürftige Karrierist. Analyse eines Lebensberichtes eines hauptberuflichen MfS-Mitarbeiters

Alexander Schug

2002

Einleitung

Das in dieser Hausarbeit untersuchte biographische Interview mit dem ehemaligen hauptamtlichen MfS-Mitarbeiter Otto Müller[142] ist im Sommer 1997 im Rahmen eines Praktikums beim Sächsischen Landesbeauftragten für die Unterlagen des Staatssicherheitsdienstes der ehemaligen DDR in Dresden entstanden. Thema der Untersuchung war das „Selbstbild" hauptamtlicher MfS-Mitarbeiter. Schon kurze Zeit, nachdem ich mich an die Arbeit gemacht hatte, anhand biographischer Interviews etwas zum Selbstbild „dieser Menschen" zu erfahren, mußte ich feststellen, mich viel zu naiv mit dem Thema befaßt zu haben.

Zum einen, weil die Menschen, denen ich durch die Interviews begegnete, alles andere als das Klischee erfüllten, was ich mir vom MfS und den Leuten gemacht hatte, die eine so „menschenunwürdige" Institution wie die Staatssicherheit formiert hatten. Als gebürtiger Westdeutscher hatte sich damals trotz viereinhalbjähriger „Osterfahrung" in Polen und in den neuen Bundesländern immer noch ein Gefühl in mir gehalten, demnach das sozialistische System bestimmt nicht überwiegend, aber doch zu einem großen Teil auf Überwachung, Repression und Angst basierte und dadurch existieren konnte. Bücher wie der „Gefühlsstau" oder „Die Entrüstung" von Hans-Joachim Maaz oder Aufsätze von Joachim Gauck, in denen er über Angst als kollektives Merkmal der DDR sprach, sowie aktuelle Monographien über den SED-Staat wie die von Klaus Schroeder, bestätigten meine Vorurteile gegenüber der „deformierten" DDR-Gesellschaft und umso mehr meine Ablehnung gegenüber denen, die an der Konstituierung des westlich interpretierten „real existierenden Sozialismus" beteiligt waren. Die Menschen, die an diesem System bestimmend mitwirkten,

---

[142] Name und Daten, die auf die Identität des Interviewpartners hinweisen, sind geändert worden

also auch Stasi-Mitarbeiter, waren für mich linientreu, geistig kollektiviert, ideologisiert, und notwendigerweise Gegenstand westlicher Nachwendepädagogik.

All das zusammenfassend, war es für mich eindeutig, daß ich die Stasi und ihre Mitarbeiter verurteilen mußte. Umso mehr, wenn man immer wieder zu lesen bekommt, daß die Stasi als *„die größte Bedrohung"* galt, als *„das Schlimmste"*, als *„Schreckgespenst"*.[143] Anderswo liest man, daß die *„Riesenkrake Staatssicherheit mit ihrem Gift die Atmosphäre verpestete"*.[144] Man kann diese Liste negativer Deklarierungen beliebig fortsetzen. Auffällig ist, daß dieses Vielen so obskure, unfaßbare Gebilde Staatssicherheit eher emotional als nüchtern betrachtet wird. Das ist nicht verwunderlich bei einem Geheimdienst, erst recht nicht bei einem Geheimdienst wie der Staatssicherheit der ehemaligen DDR. Daß die durchgängig entrüstete Öffentlichkeit, die öffentliche Meinung mich nicht vollkommen überging, ist auch klar, obwohl ich trotz aller Vorurteile den großen Vorteil besitze, überhaupt nicht nachvollziehen zu können, einem operativen Vorgang der Staatssicherheit ausgesetzt gewesen zu sein oder das, was dahintersteht, auch nur in meinem sozialen Umfeld erlebt zu haben. Insofern bin ich bei der Behandlung des Themas unbelasteter.

Diese Ausführungen sind durchaus relevant für die vorliegende Auswertung des Interviews mit Herrn Otto Müller. Worum es mir geht, ist, mir über meine eigenen Vorannahmen hinsichtlich der Lebensgeschichte Otto Müllers klar zu werden, auch um Leserinnen und Lesern zu ermöglichen, besser nachzuvollziehen, weshalb ich zu bestimmten Schlußfolgerungen komme und inwiefern diese Schlußfolgerungen etwas mit meiner eigenen Identität, meinen persönlichen Wertungen zu tun haben.

---

[143] Bürgerkommitee, MfS-Bezirksverwaltung, S. 3
[144] Hellwig, Rückblicke, S. 61

In den Schritten 1.-4. zeichne ich die Entstehung des Datenmaterials nach. Im 5. Punkt gehe ich auf allgemeine Prämissen der Biographieforschung bei der Auswertung eines narrativen Interviews ein, stelle die Vorgehensweise von Fischer-Rosenthal/Rosenthal vor und skizziere kurz meine eigenen Schlußfolgerungen hinsichtlich der Auswertung des Interviews. Im 6. Punkt folgt die Sequenzanalyse des Interviews, die ich in einer Tabelle zusammengefaßt habe. Im 7. Schritt wird das Interview als ganzes nachgezeichnet unter Berücksichtigung möglicher Handlungsoptionen und des historischen Kontexts. Erste Hypothesen werden hier ebenfalls formuliert. Schließlich fasse ich die Ergebnisse der vorhergehenden Schritte zusammen.

1. Theoretische Auswahl der Interviewpartner und Kontaktaufnahme zu einer „hidden population" - oder wie ich zu Otto Müller kam

Aufgrund der qualitativen Vorgehensweise beschränkte sich die Auswahl der zu Interviewenden (natürlich auch aus zeitökonomischen Gründen) auf eine relativ geringe Zahl. Gängige Vorstellungen von Repräsentativität werden dabei nicht erfüllt, aber um „quantitative Repräsentativität" geht es bei der qualitativen Methode natürlich nicht. Vielmehr wird jeder Interviewpartner als Alltagsexperte seiner Erfahrungen und Konstrukteur seiner sozialen Realität angesehen. Die Tiefe der Interviews steht über der Breite was die Fallzahl angeht.

Angebracht erschien es mir, mich auf eine bestimmte Hierarchieebene zu beschränken, um eine möglichst homogene Gruppe aussagekräftiger Personen zu bilden. Es bot sich deshalb an, sich auf die Offiziersebene als Untersuchungseinheit zu beschränken:

- Oberst; - Oberstleutnant; - Major; - Hauptmann; - Oberleutnant; - Leutnant; - Unterleutnant. Idealerweise wollte ich so viele Interviews durchführen bis sich bestimmte sich gleichende Muster herausbilden, die als typisch und in diesem Sinne als verallgemeinerbar zu werten sind. Für die hier vorgenommene Einzelfallstudie sind diese Überlegungen allerdings nicht relevant.

Wenn davon die Rede war, zu naiv an das Projekt herangegangen zu sein, dann hieß das auch, zu wenig Gedanken darüber verloren zu haben, daß es ein großes Problem sein könnte, überhaupt genügend aussagekräftige- und willige Personen zu finden. Ich hatte erfahren, daß es hinter der MfS-Zentrale in Dresden eine Siedlung gab, in der vor der Wende ausschließlich MfS-Mitarbeiter wohnten. Das war mein Ansatzpunkt. Sieben Jahre nach der Wende konnte man damit rechnen, daß viele weggezogen, neue Bewohner hinzugekommen waren. Doch ließ sich mit einer vom Bürgerkomitee Bautzner Straße e.V. 1992 herausgegebenen Liste aller ehemals in der Bezirksverwaltung Dresden hauptamtlich beschäftigten 3668 MfS-Mitarbeitern überprüfen, ob einige dieser Mitarbeiter dort noch wohnten.[145] Ich fuhr zu der Siedlung und schrieb alle Namen von den Klingelschildern ab, und verglich die Namen mit der erwähnten Liste. Von 145 Namen ließen sich knapp über 100 auf der Liste wiederfinden. Unter Berücksichtigung meiner Auswahlkriterien kam ich auf fast 80 Personen, die für mich interessant waren. Schwierig war es, den Kontakt mit den ehemaligen MfS-Mitarbeitern herzustellen. Da ich wußte, daß der damalige Landesbeauftragte für die Unterlagen der Staatssicherheit der ehemaligen DDR, Siegmar Faust, einen schlechten Ruf bei MfS-Mitarbeitern hatte, trat ich unter dem Deckmantel der Universität auf. Mit dem Briefkopf des Soziologischen Instituts der TU Dresden verschickte ich einen Brief mit folgendem Wortlaut:

---

[145] Bürgerkomitee, MfS-Bezirksverwaltung (Abgedruckt sind hier nicht nur Namen, Vornamen, sondern auch Geburtsdaten, seit wann der einzelne beim MfS arbeitete, welchen Dienstgrad er hatte und welche Tätigkeiten er in welcher Abteilung erfüllte. Das jeweilige Jahresgehalt ist in dieser Liste auch aufgeführt)

Dresden, den 24. Juni 1997

Sehr geehrte Damen und Herren,

im Rahmen eines Praktikums führe ich derzeit eine qualitative Studie zum Selbstbild ehemaliger hauptamtlicher MfS-Mitarbeiter durch. Es geht darum, zu beschreiben wie Mitarbeiter dieser Institution rekrutiert wurden, in der DDR gelebt und gearbeitet haben, wie die Wendeerlebnisse verarbeitet wurden und was danach kam. Dazu sollen sogenannte biographische Interviews durchgeführt werden, die im Schnitt zwei Stunden dauern.

Die Fragestellung ist insofern interessant, weil gerade in der Wendezeit und auch danach eine „Anti-Stasi-Bewegung" entstand, die - wenn es um eine Aufarbeitung der Geschichte des MfS geht - nicht mehr zuließ mit, sondern nur noch über die Menschen zu sprechen, die die Institution „Staatssicherheit" formiert haben. Stigmatisierung und neue pauschalisierte Feindbilder waren das Ergebnis einer Diskussion, die in dieser Form den ehemaligen Mitarbeitern des Ministeriums für Staatssicherheit nicht gerecht wird - oder doch?

Sicher werden Sie sich fragen, woher ich Ihre Adresse habe. Die verdanke ich dem Wissen, daß in Ihrer Wohnsiedlung früher vor allem MfS-Mitarbeiter gewohnt haben und einer 1992 vom Bürgerkomitee Bautzner Straße herausgegebenen Liste der hauptamtlichen Mitarbeiter. Anhand der Liste und den Namen auf den Briefkästen konnte ich feststellen, ob Sie nach wie vor hier wohnen.

Ich möchte Sie fragen, ob Sie bereit wären, sich für ein Interview zur Verfügung zu stellen. Einige Ihrer früheren Kollegen haben das bereits getan. Das Interview wird auf Tonband aufgezeichnet, anschließend transkribiert und Ihnen dann zur Autorisierung zugesandt.

Ich weise Sie ausdrücklich darauf hin, daß die Untersuchung anonym durchgeführt wird. Es besteht kein Interesse, die geführten Interviews und deren Inhalt auf die jeweiligen Personen zurückzuführen. Es geht um generelle Aussagen über die Gruppe der MfS-Mitarbeiter, wobei Personalien keine Rolle spielen. Persönliche Daten werden nach der Autorisierung der Interviews vernichtet.

Wenn Sie Rückfragen haben, können Sie mich jederzeit privat anrufen unter der Telefonnummer 4 22 55 21. Ich werde mich im Laufe der Woche bei Ihnen melden. Über eine Kooperation Ihrerseits würde ich mich wirklich sehr freuen.

Mit freundlichen Grüßen,

Alexander Schug

Zwei Tage nach dem Einwurf des Briefes, an einem Samstag, an dem ich davon ausgehen konnte, daß die wenigsten arbeiten würden, fuhr ich zu der Siedlung und klingelte bei den entsprechenden Wohnungen.

Tatsächlich hatte ich von rund 30 angetroffenen Personen bei Dreien das Glück, Zusagen für ein Interview zu bekommen. Bei weiteren bestand Unsicherheit. Sie wollten es sich überlegen, weil sie noch nicht genau wußten, worauf sie sich mit mir einlassen. Mit diesen Leuten vereinbarte ich, Ihnen eine Kurzversion meiner Konzeption zukommen zu lassen, die im Grunde noch einmal die Informationen enthielt, die ich im ersten Schreiben genannt hatte. Zusammen mit der Konzeption verschickte ich einen Begleitbrief mit folgendem Wortlaut:

Dresden, den 1. Juli 1997

Sehr geehrte Damen und Herren,

vorigen Sonnabend habe ich mich kurz bei Ihnen vorgestellt und gefragt, ob Sie bereit wären, an dem von mir zur Zeit durchgeführten Projekt zum Selbstbild hauptamtlicher ehemaliger MfS-Mitarbeiter teilzunehmen. Sie waren sich noch nicht ganz sicher, ob Sie das nun tun sollten oder nicht.

Ich schicke Ihnen anbei die Konzeption, die dieser Studie zugrunde liegt. Somit haben Sie einen genaueren Einblick, auf was Sie sich mit mir „einlassen" und was Sie erwartet.

Zum Zwecke der Kontaktaufnahme läßt es sich natürlich nicht vermeiden, mit Ihren Personalien in Kontakt zu geraten. Arbeitstechnisch läßt sich das nicht vermeiden. Aber ich möchte Sie noch einmal darauf hinweisen, daß alle Daten nach der Transkription, also der Verschriftlichung des Interviews, und der Autorisierung des Interviews durch Sie (nach der Transkription werde ich Ihnen Ihr Interview in der verschriftlichten Form zusenden, damit Sie etwaige Transkriptionsfehler verbessern, Unverständliches ergänzen können) vernichtet werden.

Die Arbeit schreibe ich im Rahmen einer Semesterarbeit an der Universität.

Wenn Sie sich fragen, was letztlich dabei herauskommen soll - außer daß man sich im inneruniversitären Bereich darüber freut - muß ich zunächst als Negativdefinition sagen, daß es mir nicht darum geht, irgendwelche moralischen Maßstäbe anhand der Interviews zu entwickeln und zu verurteilen. Das ist in der öffentlichen Diskussion genug getan worden und würde wissenschaftlich-nüchternen Ansprüchen auch nicht genügen.

Vielmehr sollen Aussagen gemacht werden, wie der Transformationsprozeß der letzten Jahre, die vielen Umstellungen, Probleme, eventuell neuen Chancen erlebt worden sind.

Ich kann nur noch einmal wiederholen, daß ich mich über eine Zusage wirklich sehr freuen würde, da es eine vergleichbare Studie bislang noch nicht gibt.

Wenn Sie zu dem Interview bereit sind, rufen Sie mich an (Telefonnummer 4 22 55 21).

Mit freundlichen Grüßen,

Alexander Schug

Auf diesen Brief meldete sich nur eine Person. Über Vermittlung der Personen, die bereits zugesagt hatten, bekam ich zwei weitere Interviewpartner, unter ihnen auch Otto Müller.

2. Der Leitfaden

Wie bereits erwähnt, interessierte mich das Selbstbild der ehemaligen MfS-Mitarbeiter. Wie sich das genau ausprägen könnte, wollte ich im Voraus nicht genau operationalisieren. Diese Informationen werden erst im konkreten Interview gewonnen. Ich entwickelte jedoch einen Gesprächsleitfaden, der thematische Felder benannte, über die der Interviewpartner Aussagen machen sollte. Der Leitfaden sah wie folgt aus:

Kindheit/Jugend/Ausbildung

allgemeine Frage zum Einstieg: Kindheit, Jugend, Elternhaus, soziales Umfeld allgemein - was hat geprägt?

MfS

- Rekrutierung
- Motivation
- Vorstellung über MfS und Arbeit dort
- welche Arbeit dort gemacht?
- welche Karriere durchlaufen?
- wie war Umgang mit strenger Hierarchie, militärischem Gehorsam, mit Verschwiegenheit?
- Einschätzung des damaligen Sozialstatus als MfS-Mann? (Reaktionen der Außenwelt, Familie, Freunde)
- Kinder?
- was wurde für das MfS aufgegeben?
- wie würden Sie Arbeit und Funktion des MfS allgemein beschreiben?
- was bedeutete DDR?

- was bedeutete BRD?

Wende

- '98/'90 - wie haben Sie die letzte Zeit vor der Wende wahrgenommen?
- was bedeutete Wende, was wird damit verbunden - beruflich, persönlich?
- in Wendezeit regelrechte Anti-Stasi-Bewegung - wie war die Wirkung?

nach der Wende

- wie mit der Wende zurechtgekommen?
- was tun Sie heute?
- fühlen Sie sich integriert, können Sie sich mit neuem System arrangieren?
- was ist aus sozialistischen Überzeugungen geworden?
- DDR-Bild geändert?
- wie reagieren Familie, neue und alte Freunde auf die ehemalige Stasi-Mitarbeit?
- Gefühl, sich selber zu leugnen?
- wie bewerten Sie heutige Aufarbeitung der Geschichte des MfS?
- Stellung zu Opfern/Oppositionellen
- im Rückblick: gibt es etwas, was man beim MfS gelernt hat, was heute noch hilft, Leben zu meistern?

3. Die Erhebungsphase

Die Interviews wurden auf Tonband aufgezeichnet. Zu jedem Interview fertigte ich anschließend ein Protokoll an, in dem ich den ersten Eindruck meiner Interviewpartner festhielt. Das Rechercheprotokoll über Otto Müller sah wie folgt aus:

Rechercheprotokoll 6
9.12.39/ MfS seit 2.61/ OSL/ Ltr. Stellv. Paßkontrolle, Abt. VI
zackiges, militärisches Auftreten/ etwas machohaft/ durch Wende anscheinend sehr nachdenklich geworden/ wirkt etwas gebrochen, aber kein Typ, der sich gehen läßt Interview in Wohnung (spießig, gut bürgerlich, deutsch)

4. Transkription und Autorisierung der Interviews

Bei der Transkription der Interviews ging es nicht darum, ein Höchstmaß an erzielbarer Genauigkeit zu erreichen, jede Pause, jedes „Hm" zu registrieren, schließlich – so dachte ich damals - stand die Organisation der Sprache der Interviewten nicht im Mittelpunkt der Untersuchung. Es wurde bei der Verschriftlichung vor allem auf Lesbarkeit Wert gelegt. Für mich zu abschweifende Textpassagen, Dinge, die nicht zum Interview gehören (Wollen Sie noch was trinken?) etc. sind ausgelassen worden und mit Klammern markiert (...). Das war eine Transkriptionsweise, die ich heute nicht wiederholen würde, auch wenn sie aus zeitökonomischen Gründen sehr wohl nachvollziehbar ist. Aber gerade in Zwischensätzen können sich Bedeutungen ergeben, die relevant für das Interview sind.

Nach der Transkription wurde den Befragten ihr Interview mit der Bitte um Autorisierung zugesandt.

5. Auswertung

Eine Lebensgeschichte, wie sie von Otto Müller vorliegt, verlangt – im Sinne qualitativer Forschungslogik – nach Analysekategorien, die immanent sind, sprich aus dem Text heraus entstehen. Dieser Aspekt steht im Gegensatz zur quantitativen Sozialforschung, die an ihre Forschungsobjekte mit einem zuvor gesetzten Analyserahmen herantritt, damit aber die Forschungssituation um Offenheit und Subjektbezogenheit beraubt. Das ultimative Ziel narrativer Forschung ist deshalb nicht, zu sehen, inwieweit der Interviewte den Erwartungen des Forschers, seiner Kategorien, und Denkstrukturen entspricht, sondern es geht - in einem zunächst globalen Sinne definiert – darum, Erfahrungen einer Person herauszukristallisieren und in ihrem Bedeutungszusammenhang zu interpretieren. Interpretationen als auch Erfahrungen sind jedoch sehr relative Begriffe, die subjektabhängig sind. Subjektivität ist folglich in diesem Kontext ein wichtiger Schlüsselbegriff, der einerseits die Qualität biographischen Materials ausmacht, andererseits Probleme aufwirft, wenn es um die Auswertung der Interviews geht. Denn der Prozeß der Interpretation ist selbst ein subjektiver Akt, der von der Persönlichkeit des Forschers abhängt.

Trotz dieser Faktoren ist die Auswertung narrativer Interviews nicht beliebig, auch wenn es wohl unzweifelhaft ist, daß eine Lebensgeschichte kein ständig exakt reproduzierbares Konstrukt ist, und verschiedene Forscher sehr verschiedene Vorgehensweisen bei der Auswertung eines Interviews haben. Das bedeutet aber nur einen Nachteil, wenn man quantitative Gütekriterien wie Validität und Reliabilität als Maßstab für die Auswertung narrativer Interviews gebraucht. Anders formuliert heißt das, daß Reliabilität und Validität keine angemessenen valuativen Standards für die Biographieforschung sind. Historische Wahrheit oder die exakte Reproduktion eines Lebens mit all dem, was eigentlich alles in diesem Leben passierte, steht folglich nicht im soziologischen Forschungsinteresse bei narrativen Interviews, sondern die erzählte Lebensgeschichte und die Subjektivität des Empfindens – was die objektive Ebene der erlebten Lebensgeschichte allerdings nicht ausklammern sollte. Im Gegenteil, die erlebte Lebensgeschichte muß als Kontrastmittel im Blick auf die erzählte Geschichte dienen.

Damit sind einige wichtige allgemeine Punkte hinsichtlich der Auswertung des Interviews erwähnt. Wie dargestellt gibt es eine Vielzahl von Auswertungsmethoden, mit denen man an eine Lebensgeschichte herangehen kann. Im weiteren werde ich mich auf die von Fischer-Rosenthal/Rosenthal vorgestellte Narrationsanalyse biographischer Selbstpräsentationen beziehen. Diese Methodik verknüpft das von Fritz Schütze entwickelte textanalytische Verfahren mit der thematischen Feldanalyse und der hermeneutischen Fallrekonstruktion in der strukturalen Hermeneutik. Dabei wird insbesondere der sequentiellen Gestalt der biographischen Selbstpräsentation Rechnung getragen. Grundannahme ist, daß sowohl die thematische und chronologische Struktur als auch die Generierung von Textsorten (Erzählung, Argumentation oder Beschreibung) nicht zufällig ist. Sie lehnen sich an die gegenwärtige Situation des Erzählers an, denn die gegenwärtige Situation bestimmt den Rückblick auf die erlebte Lebensgeschichte. Das „Klima" der gegenwärtigen Erzählsituation ist bereits in der Einleitung beschrieben worden. Die strukturelle Differenz zwischen erlebter und erzählter Lebensgeschichte ist ein wichtiger Aspekt, der die Vorgehensweise der Auswertung bestimmt. Das bedeutet, sehr genaue Informationen über das Zeitgeschehen im allgemeinen haben zu müssen, sowohl bei der Rekonstruktion der gegenwärtigen Erzählsituation, die die Auswahl der erzählten Geschichten steuert, als auch bei der Rekonstruktion der erlebten Biographie. Die zweite Perspektive – abgekoppelt von der ersten - ist eine vor allem historische Vorgehensweise. Man nimmt die Interviewten als Zeitzeugen, nicht um persönliche Informationen über diese Person und ihre gesellschaftlichen Konstruktionsleistungen zu gewinnen, sondern um eine Epoche oder bestimmte Ereignisse rekonstruieren zu können. Diese Position hebt vor allem auf eine politik-, wirtschafts- und sozialgeschichtliche

Perspektive ab. In der soziologischen Biographieforschung müssen diese Aspekte zwar auch eine Rolle spielen, aber hier ist der Fokus vielmehr auf die strukturellen, mikrosoziologischen Informationen gerichtet. In diesem Sinne erfordert eine biographische Analyse im soziologischen Stil die Einbettung biographischer Erfahrungen in den Entstehungszusammenhang der Handlungsgeschichte als auch den Entstehungsablauf der biographischen Selbstpräsentation.

Die Vorgehensweise, die Fischer-Rosenthal/Rosenthal anbieten, ist folgende: Aus der Anzahl aller Interviews wird eine zweite theoretische Stichprobe gezogen, die für eine Fallrekonstruktion dienen soll. Das geschieht auf der Grundlage von Gesprächsnotizen, mit denen die Interviews einer Globalanalyse unterzogen werden, um Typisierungen vorzunehmen, also theoretisch interessante Fälle für die zweite Stichprobe festzulegen. Die zur weiteren Analyse (zweites Sample) ausgewählten Interviews werden wortwörtlich ohne Auslassungen transkribiert. Die danach folgenden Auswertungsschritte sind:

1. Analyse der biographischen Daten (historische Kontextuierung und Chronologisierung des Lebenslaufs)
2. Text- und thematische Feldanalyse (sequentielle Analyse des Interviews unter Berücksichtigung der Textsorten, thematischer Felder, also der Fragen wie etwas dargestellt wird und welche Aspekte in welcher Reihenfolge angesprochen werden. Hier werden bereits Hypothesen formuliert, die u.U. in einer Feinanalyse weiter verfolgt werden können)
3. Rekonstruktion der Fallgeschichte (Entschlüsselung der erlebten Lebensgeschichte in Handlungsoptionen)
4. Feinanalyse einzelner Textstellen (bisher gewonnene Hypothesen werden an bestimmten Textstellen überprüft)
5. Kontrastierung der erzählten mit der erlebten Lebensgeschichte

6. Typenbildung (Verallgemeinerung der Aussagen)[146]

Im Folgenden habe ich mich grob an dieser Vorgehensweise orientiert. Allerdings erschien mir diese Methode als zu „kleinschrittig-separatistisch". Beispielsweise kann ich mir nicht vorstellen, die Fallgeschichte in Handlungsoptionen zu rekonstruieren, ohne dabei die verschiedenen Ebenen der erlebten und erzählten Lebensgeschichte kontrastierend zu berücksichtigen, was Fischer-Rosenthal/Rosenthal in Punkt 5.) als eigenständigen Auswertungsschritt vorsehen. Ich habe mich deshalb entschlossen, eine Sequenzanalyse des Texts vorzunehmen und alle restlichen von Fischer-Rosenthal/Rosenthal genannten Auswertungsschritte bis auf den letzten Punkt in einer Weise zusammenzufassen, die es mir erlaubt, das Leben und die Selbstpräsentation Müllers zu verstehen. In einem letzten Schritt verallgemeinere ich die zuvor gewonnen Ergebnisse, was in eine Typenbildung mündet.

Sequenzanalyse

Zeile	Inhalt	Textsorte	Folgehypothese
Seite 1/1	Frage des Interviewers: Fangen wir ganz allgemein an: Wie sah eigentlich Ihr Leben aus, was hat Sie geprägt?		
2	Ansatz zum Berichten: Geburtsort	B	
2-7	Berichtendes Element: Eltern/Schwester	B	- distanziert sich emotional; Probleme mit Eltern - Darstellung entspricht DDR-Jargon/emotionale Distanz entspricht der Spezifik des MfS-

---

[146] Fischer-Rosenthal/Rosenthal, Narrationsanalyse biographischer Selbstpräsentationen, in: Hitzler, Ronald/Honer, Anne, Sozialwissenschaftliche Hermeneutik, Eine Einführung, Opladen 1997, S. 133ff

			Selbstverständnisses - Distanz = entspricht gesellschaftlichen Erwartungen, weil Stasistigma - Macho; sieht nur sich; verschwendet nicht viele Gedanken an seine Familie - Berichtet sein Leben in Institutionen: Problem sich selber anzunehmen Thematisches Feld: Verantwortung; Ich-Stärke; Identität; Vergleich mit anderen
7-12	Ausbildung: Schule, Lehre (Elektromaschinenbauer in Heidenau), anschl. übernommen im Betrieb (1956)	A	- Frühstarter, war eher fertig als andere, deutet auf besondere Fähigkeiten hin, strebsam; aber altersmäßig kein „normaler" Ausbildungsweg
12-15	Im Beruf; wird Mitglied der SED	A	- Rechtfertigung in die Partei eingetreten zu sein; richtet sich nach heutiger Deutung, kein Mut seine Entscheidung von damals als richtig anzusehen - Entscheidung rechtfertigt er nicht mit eigener Überzeugung, sondern mit Normalität des damaligen Alltags u. Überredung des Meisters Thematisches Feld: Ich-Schwäche
15-	Hakt seine Jugend/Ausbildung schnell	E	- klammert Stasi aus - Stasi so dominant, daß anderem

18	ab; will schnell weiter		nicht viel Platz zugewiesen wird - Dominante Gesprächsführung (weiß, wo er hinwill)
19-25	Werbung durch Stasi Ende 1960 durch MfS-Mitarbeiter der KDS Pirna	A	- pendelt zw. Deutung, sich als Besonderes, aber auch Normales zu sehen - stellt heraus, daß er angesprochen wurde u. er s. nicht selber bemüht hat (will Eindruck schaffen, daß er kein ideologisch Übereifriger war, andere wählten ihn aus
25-29	1. Phase MfS 1961-64 im Wachbatallion in Dresden	B	- betont, ganz unten im Wachbataillon angefangen zu haben (lernte alles von Pike auf, nach Motto: wer hoch hinaus will, muß klein anfangen/Tellerwäscherkarriere in Stasikategorien) - lernte wie man in Uniform rumläuft, wie man sich zu benehmen hat thematisches Feld: sucht Ordnung
29-38	2. Phase MfS 1964-67/68/ Versetzung von Wachdienst in Paßkontrolle nach Schmilka; erklärt Strukturen MfS, die seine Versetzung bewirkte	B	- „da **mußten** jg. Leute mit dorthin" (Versetzung etw. Fremderlebtes/Fremdbestimmtes - dynamischer Einstieg, wenn Leute gebraucht werden, kann er s. nicht verwehren thematisches Feld: Pflichtbewußtsein
38-49	Distanziert sich 2x von operativen Tätigkeiten der HA VI	B/A	- Distanziert sich vor pol. Angreifbarer Rolle des MfS

			- Will s. entlasten/ Paßkontrolle = Sonderrolle beim MfS, weil es eigentlich ja zum Grenzschutz, also MDI gehörte, irgendwann zum MfS gekommen Thematisches Feld: weiße Weste, keine Verantwortung für MfS-Machenschaften
49-57	Betonung, daß MfS-Eintritt freiwillig war; Skepsis der Eltern, aber als Hausfrau u. Kraftfahrer auf dem Dorf hatten sie eh kein Verständnis (Eltern werden als unwissend, naiv dargestellt)	A/E	- Betonung d. eigenen Entscheidung = Ich-Stärke demonstrieren - MfS-Einstieg = Emanzipation gg. Eltern, Abnabelung von Eltern und ihrer primitiv-dörflichen Welt - Darstellung d. Eltern u. Dorf demonstriert seinen soz. Aufstieg im MfS = will Karriere machen - Auseinandersetzung m. Eltern, die angeblich apolitisch waren, wird nicht offen zugegeben = "„as war normal"; Vermutung: Eltern waren gg. Stasi Thematisches Feld: Abweichungen/Auseinandersetzungen können nicht zugegeben werden, werden als anormal gesehen, auch wenn alles trotzdem in Normalität aufgeht; alles muß glatt sein
57-2 (S.2)	3. Phase MfS – wird von Schmilka nach Bad Schandau versetzt 1967/ erwähnt Funktion als Parteigruppenorganisator	B	- „Arbeit auf kleinster pol. Ebene" = macht s. klein, unwichtig/ war kein großer Fisch, kann also auch keine Verantwortung tragen

			- trotz d. Relativierung seiner Parteifunktion, muß er wissen, daß diese Position eine fördernde Funktion f. seine Karriere gehabt haben muß (wurde deshalb auch zum 1. Mail nach Potsdam-Eiche geschickt)
3-6	4. Phase MfS – 1967/68 zurück nach Schmilka als stellvertr. Ltr. D. Paßkontrolle	B	- „wurde nach Schmilka versetzt, aber als stellvertr. Ltr" = Betonung d. Karriere, war jetzt was Besseres/Erfolg - „stellte mich insgesamt nicht dumm an" = understatement, sagt damit: eigentlich war ich ziemlich klasse
6-9	5. Phase MfS – Anfang 1969 nach Görlitz als amtierender Leiter	B	- „da wurde jmd. Gebraucht, und da mußte ich hingehen" = fremdbestimmt, fügt s. den Anordnungen anderer (familiäre Probleme werden nicht erwähnt) - Karriere in schnellen Schritten
9-12	6. Phase MfS – Ende 1969 nach Zinnwald als amtierender Leiter	B	
12-18	Unzufrieden mit Versetzung nach Zinnwald/ beginnt diesen Abschnitt mit: "„Dort habe ich es aushalten müssen bis 1978"/ echte Probleme mit der Familie	B/E	- zum 1. Mal erwähnt er innere Abwehr/Unzufriedenheit u. Probleme mit Familie, trotzdem hält er aus - eigene Vorstellungen widersprechen seiner „Vorsehung" - kann od. will s. nicht widersetzen/ erträgt ohne Gegenwehr

18-25	7. Phase MfS – 1978 nach Dresden bis 1985 als Ltr. Wachbataillon	B	- „mußte ich von Zinnwald nach DD" = fremdbestimmt - „mit Hurra-Rufen" = erster verbaler Ausdruck von Emotionen - Betonung, daß Wachtruppe junge Leute waren, mit denen was gemacht werden mußte = Einsatz für junge Generation, Lehrfunktion
25-27	8. Phase MfS – 1985 Ltr. Der Paßkontrolle d. BV Dresden	B	- „und dann kam irgendjemand wieder auf den Gedanken" = andere planen sein Leben ohne sein Zutun, er folgt
27-30	Relativiert seine Leiterfunktion – „war leider stellvetr. Ltr"	E/A	- karriereorientiert/ Position entsprach nicht ganz seinen Erwartungen
30-32	Rückblick – „hatte es vom Unteroffizier zum Oberstleutnant gebracht" (2.höchster Offiziersdienstgrad; 33.750 Mark Jahreseinkommen – 2.800 monatl.; 381 Mitarbeiter unter sich)	E	- geradlinige Entwicklung thematisches Feld: Stolz
32-34	„Das war keine Sonderstellung, das war eine normale Entwicklung"	E	- Relativiert seinen Karriereeifer - Normalitätskonzept, in das er sich einordnet
34-39	Ereignisse 1989 – das Aus für BV kam am 5./6. Dez. '89, aber Arbeit der Paßkontrolle mußte weitergehen	B/A	- hielt Ordnung aufrecht, trotz Niedergang des MfS - „noch im Interesse der DDR, aber auch im Interesse d. damals schon zu erwartenden BRD" = arrangiert s. schon mit neuen Machthabern, dient sich ihnen an, arbeitet in ihrem Interesse

			thematisches Feld: Wendehals
39-49	Setzt sich mit einigen Leuten nach Bad Schandau ab, abseits von Unruhen, um Paßkontrolle aufrechtzuerhalten	B	- Angst vor der eigenen Courage, aber „es konnte ja kein Chaos entstehen" - Ohne Anleitung, Kontrolle u. Unterlagen ist er aufgeschmissen, hat Angst, Fehler zu machen u. Grenzen zu überschreiten
50-53	Bis März 1990	B	
54-62	Ab März 1990/ sein Abstieg beginnt langsam, seine Truppe wird den Grenztruppen unterstellt; er selber kann nicht mehr seine Leiterposition behalten, sondern wird degradiert	B	- berichtet von Wendeereignissen nur in Form seiner beruflichen Veränderungen = sehr auf Arbeit fixiert - benutzt dauernd „wir" = Schicksalsgemeinschaft MfS Thematisches Feld: Degradierung, soz. Abstieg
(S. 3) 1-3	Frage: Motivation		
5-29	Erklärung seiner Motive zum MfS zu gehen	A	- will deutlich machen, daß er kein übereifriger Vertreter des Staats war, weil er um heutige Ablehnung der Stasi weiß - wurde (Passiv!) geworben, überredet - stellt seine Unterwürfigkeit, Unterordnung heraus: „kleiner, fleißiger Wachsoldat"

			- ideelle Gründe nicht so wichtig wie Karriere (Zeile 17) - er integrierte s. in Staat = Weltbild, indem es keine Abweichungen geben darf, Integration war für ihn „natürlich", man muß sich einer Gesellschaft unterordnen als Individuum
31	Frage: Vorstellungen über MfS vor Eintritt		
33-36	Wußte nichts über Arbeit beim MfS	A	
36-38	Geld: Grund für MfS, bekam mehr Geld als woanders	B	- materielles Interesse
38-43	Keine Ahnung über Arbeit im MfS	B	
43-5 (S.4)	Lernt Arbeitsweise des MfS kennen	B/A	- er hatte Sonderrolle inne, weil Paßkontrolle nichts Schlimmes war, nicht richtig zum Geheimdienst gehörte - Vgl. mit BGS soll Akzeptanz der damaligen Arbeit herstellen - Leidet trotzdem darunter, kein James Bond der Stasi geworden zu sein (erlebte u. erzählte Geschichte kollidieren hier sehr stark)
7-8	Frage: wie mit milit. Gehorsam, Verschwiegenheit umgegangen		
10-	Milit. Gehorsam	B/A	- Befehl ist Befehl = totale Anpassung

25			
25-29	Heutige Sicht zum milit. Gehorsam - relativiert	A	- weiß sehr genau um heutige MfS-Interpretation - distanziert s. von Aussage „Befehl ist Befehl" = dadurch entzieht er sich etwaigen Verurteilungen
30-34	Rückblick auf Zeit im Wachbataillon 78-85	B/A	- Hemmungen sich auseinanderzusetzen, damals war für ihn Befehl ist Befehl; „war was zu machen, habe ich es getan"
37-39	Frage: Sozialstatus als MfS-Mann in DDR		
41-62	Sozialstatus zu DDR-Zeiten	B/A	- keine negativen Erfahrungen als MfS-Mann = war schließlich nichts Schlimmes - besser bezahlt als andere Staatsdiener = war etw. Besseres
(S. 5) 1	Frage: Was bedeutete DDR damals für Sie?		
3-9	Bedeutung DDR, starke Identifikation, Vertrauen, aber Vorgaben des Staates	A	- wir haben es nicht geschafft = Scheitern, Eingeständnis
9-11	Heutige Sicht auf DDR	A	- distanziert sich = will auch heute nicht anecken, ist konform - die DDR heute noch hochzuhalten würde zuviel Ich-Stärke verlangen, die er nicht hat
13-15	Frage: Meinung zu DDR-Oppositionellen		
17-	Oppositionelle, gibt zu, damals gg.	A	- will keine Verantwortung

26	Oppo gewesen zu sein, entschuldigt s. 2x, daß das mit Erziehung zus.hing, betont die Opposition nicht operativ bearbeitet zu haben		übernehmen - Eltern schuld für seine Einstellungen
28-29	Frage: Mitleid mit Opfern operativer, zersetzender Maßnahmen?		
31-35	Mitleid mit Stasi-Opfern	A	- Distanziert s. von zersetzenden Maßnahmen, hatte aber kein Mitleid = nicht besonders kritisch - Betont, daß es Unterschiede hinsichtlich seiner Position zw. Heute u. damals gibt = paßt sich an
37	Frage: Bild vom Westen?		
39-55	Westen = Gegner, hatte aber kein richtiges Bild, höherer Lebensstandard, gibt zu, durch die Propaganda beeinflußt worden zu sein	B	- volle Identifikation mit DDR
57	Frage: 1990		
59-8 (S. 6)	Ab März 1990 den Grenztruppen untergeordnet, Schulungen im Westen	B/A	- Degradierung - Kränkung
8-32	3. Okt. 1990 (zentrales Datum f. Müller); Vorruhestand, Langeweile	B/A	- Eintritt in Vorruhestand = Ablehnung, wurde „ausgegliedert", gehörte nicht mehr einem Verband an, haltlos - Opferstilisierung, weil andere Staatsorgane u. ihre Mitarbeiter besser behandelt wurden als MfS - Unverständnis, weil er immer

			seine Arbeit getan hatte = dachte nicht soweit, das MfS in seiner gesellschaftlichen Bedeutung zu sehen
32-51	1.8.1991 – Arbeitslosigkeit (Vorruhestand wurde aufgehoben, damit auch die Absicherung) = weiterer Statusverlust	B/A	- Krisenerlebnis = Bruch in Biographie - Ist das 1. Mal nicht mehr integriert = haltlos? - Gesundheitlich angegriffen = Unfähigkeit zur Auseinandersetzung, Gefühl des Ausgeliefertseins
51-36 (S. 7)	Verschiedene ABM, kurze Abfolge von Arbeitslosigkeit, ABM, Schulungen	B/A	- baut neue Denkmuster in dieser Zeit auf = wird eigenständiger, konnte sich nicht mehr auf Gesellschaft verlassen; „also mußte von mir aus was losgehen" - aber keine Emanzipation, sondern Anpassung an neue gesellschaftl. Erwartungen - hat Spaß, geht seinen Interessen nach = Relativierung seines Pflichtgefühls und seiner Ausrichtung nach anderen, entdeckt sich als Person mit eigenen Interessen
38-40	Frage: Strafjustiz		
42-10 (S.	Enttäuscht über Behandlung, jahrzehntelang fleißig gearbeitet, dann bestraft	A	- stellt sich als treuen, fleißigen Arbeiter dar, der immer seine Pflicht erfüllte u. deshalb die Behandlung nicht verdient hat

8)			- außerdem: Paßkontrolle mit BGS vergleichbar, insofern weiteres Unverständnis für Rentenregelung
12-13	Frage: Grund für Anti-Stasi-Stimmung?		
15-43	Objektiver Grund: Überspitzungen des Kontrollapparates; subjektiver Grund: Pressedarstellung	A	- hat ganz normale Geheimdienstarbeit geleistet - dumme Bevölkerung wurde nur von den Medien irregeleitet = im Grunde war alles nicht so schlimm
45-46	Frage: Beziehung zu Stasi-Opfern hat sich geändert?		
48-56	Hat seine Lehren gezogen, will aber nichts Positives in den heutigen überzogenen, aggressiven Debatten um Stasi sehen, wie er sie für typisch für das neue System hält; kritisiert fehlende politische Kultur im neuen System	A	- ist in neuer Ordnung nicht angekommen, arrangiert sich, aber identifiziert sich nicht - übt gesellschaftl. Kritik, ist reflektierter geworden
58	Frage: heute integriert?		
60-5 (S. 9)	Kann sich nicht integrieren, macht aber „ordentlich" seine Arbeit	A	
7	Frage: Mitglied einer Partei?		
9	PDS-Mitglied	B	
11	Frage: noch sozialistische Überzeugungen?		

13-32	Denkt an andere Gesellschaft, heilsglaube an bessre Gesellschaft, die heutige ablösen wird, würde dafür aber nicht kämpfen, will sich jetzt raushalten; Fehlt Zusammenhalt, es geht nur noch ums Geld	A	- Resignation
34-35	Frage: Eigenschaften beim MfS gelernt, die heute weiterhelfen?		
37-45	Andere sind eingeknickt, andere geben sich noch starr alten Illusionen hin	A	- durchaus pragmatische Denkweise
48	Frage: Weshalb Interview gemacht?		
50-4 (S. 10)	Offener Mensch allgemein; will nichts verschweigen; ihn hört jmd. An, ohne Wertung abzugeben; Student muß das machen, da müssen andere helfen	E	- setzt sich von anderen Stasi-Leuten ab, die immer noch Angst haben = demonstriert wie weit er Stigma abzuwehren in der Lage ist - od.: hat selber noch zu kämpfen, spielt Gelassenheit vor, rationalisiert seine Ängste
5-16	Rückblick: 4. Dez. 1989 – Tumulte an der BV Dresden, Übergriffe auf Anwohner, das war nervliche Belastung, neben Arbeitslosigkeit einzige belastende Erfahrung	A	- spielt herunter, will gelassen wirken, ist aber angespannt - Betonung der Arbeitslosigkeit = sehr hoher Stellenwert

7. Sinnstrukturen des Interviews. Chronologie des Lebensberichts, Handlungsoptionen, Hypothesen

Der Biograph, Otto Müller, geboren 1940, erscheint ausgesprochen kompetent seine Lebensgeschichte zusammenhängend und über lange Passagen darzustellen. Die gesamte biographische Selbstpräsentation ist vor allem berichtend, argumentativ und unpersönlich. Ereignisketten werden fast ausschließlich unilinear ohne Herausarbeitung von konkreten Situationen dargeboten. In einer Art Telegrammstil hastet Müller durch sein Leben, hakt berufliche Station für Station ab und läßt sich nur ungerne unterbrechen. Übergeordnetes Strukturelement bei seinem Bericht ist sein Leben in Institutionen. Die Mitgliedschaft oder das Verlassen von Institutionen gliedert seinen Lebensbericht.

Allein aus diesem Globaleindruck lassen sich schon interessante Folgehypothesen herleiten. Daß er sich so distanziert über sein Leben äußert, in dem Familie, Gefühle, Hoffnungen, Anekdoten kaum erwähnt werden, kann mit der Erzählsituation und der Annahme zusammenhängen, daß es in dem Interview nur um seine Person, sein Leben geht. Auch kann es mit der militärischen Sozialisation zusammenhängen und darauf verweisen, wie sehr die Kommunikation beim MfS militärisch-vereinfacht und standardisiert war. Persönliches hatte da nicht viel Platz, die Mitarbeiter wurden sogar verpflichtet, über ihre Arbeit Stillschweigen zu bewahren und selbst ihre Familien nicht über die Arbeit zu informieren. Dieser Habitus kann bei Müller mit einer Rolle spielen und insofern erst einmal aproblematisch sein. Aber sein Nicht-Verweilen in seinen Erinnerungen, das Abhaken seiner – ausschließlich beruflichen Lebensetappen – kann ebenso das Gegenteil bedeuten: Probleme im Sozialen, mit der Familie, mit sich selber, weil es unmöglich erscheint, sich als Persönlichkeit in der Interaktion mit anderen Menschen zu sehen und einzubringen. In den ersten Zeilen wird dieser Aspekt deutlich: Müller führt ganz zu Anfang des Interviews seine Eltern nur in einem Satz ein und man bekommt den Eindruck, als wenn diese Personen von Müller nur über ihren beruflichen Status (Kraftfahrer, bzw. Hausfrau) wahrgenommen werden. Die Schwester wird lapidar mit dem Satz erwähnt: *„Es war noch eine Schwester da."* Seine Frau und die beiden Söhne werden im Laufe des Interviews mal kurz erwähnt. Ist die Familie erzählerisch nicht vorzeigbar? Der persönlich-familiäre Bereich erscheint bei dieser Lesart so problematisch, daß Müller sich auf den Beruf als einzigen erzählbaren Bereich beschränken muß.

Ein anderer Aspekt kann Grund für die auffällig unpersönliche Selbstpräsentation sein: Müller weiß um die ablehnende Öffentlichkeit gegenüber Stasi und er weiß ebenso um seine eigene Stigmatisierung als MfS-Mitarbeiter. In diesem Kontext kann es Müller unpassend erscheinen, mit einer zufriedenen, harmonischen, traut-heimeligen Darstellung seines Privatlebens aufzuwarten. Die Hypothese diesbezüglich ist, daß eine solche Normalität den MfS-Mitarbeitern von der empörten Öffentlichkeit nicht mehr zugestanden wurde. Die Stasi war etwas Schlechtes, folglich konnten die Mitarbeiter, nachdem sie tagsüber zersetzende Maßnahmen gegen heute so hochgelobte Oppositionelle durchgeführt haben, sich nicht zu Hause ruhigen Gewissens zurückgelehnt haben und ihr Familienleben genossen haben. Daß Müller Schwierigkeiten hat, einen solchen Normalitätsanspruch für sich zu erheben, wird im Laufe des Texts durch die ständige Betonung der Normalität seiner Entscheidungen und seiner Entwicklung deutlich, denn diese Betonung drückt das Gegenteil aus. Aber dann könnte er auch im Hinblick auf seine Familie diese Normalität hervorkehren, was er allerdings nicht tut. Festzuhalten bleibt, daß die Familie als ein Problemfeld erscheint.

Nach dem anfänglichen kurzen Exkurs über die Familie von Müller, kehrt der Erzähler zu den Stationen seiner Biographie zurück. Nach dem Verlassen der Schule 1956 folgte eine Lehre als Elektromaschinenbauer in Heidenau, die er mit 16 Jahren abschloß. Eine Weiterbeschäftigung in seinem Lernbetrieb folgte bis 1961. In dieser Zeit wurde Müller Mitglied der SED. Die Darstellung der Schul- und Ausbildungszeit und der ersten Berufsjahre stellen für Müller die erste „Etappe" seines Lebens dar „bevor die Etappe kommt Staatssicherheit". Drei Aspekte sind hier zu erwähnen: 1. Die argumentative Darstellung des Eintritts in die SED ist auffällig. 2. Auf der sprachlichen Ebene ist der ständige Gebrauch des Passivs bemerkenswert. Müller „wurde überzeugt" in die SED einzutreten. Man „wurde gefragt und beeinflußt" von seinem Meister. 3. Betont Müller, daß der Eintritt in die SED (Zeile 12-15, S.1) etwas Normales war. Dafür findet Müller in nur vier Zeilen gleich drei synonyme Ausdrucksweisen: „wie das eigentlich gang und gäbe war, das war kein Sonderfall, das wurde in allen Betrieben gemacht". Diese Darstellung wirkt rechtfertigend und distanzierend zugleich. Sich für diesen Schritt rechtfertigen zu müssen, kann nur daran liegen, daß er entweder damals ein schlechtes Gefühl bei seinem Eintritt hatte, oder er sich den heutigen westlichen negativen Deutungsmustern eines solchen Schrittes bewußt ist. Das zweite ist wahrscheinlich. Müller scheint hier normale biographische Muster zur DDR-Zeit in einer heute veränderten Gesellschaft und vor einem westlichen Interviewer umzudeuten. Denn anscheinend kommt ihm der Eintritt in die SED heute nicht mehr so normal vor und es scheint ihm noch weniger vertretbar, diesen Eintritt aus seiner eigenen aktiven Motivation heraus zu rechtfertigen. Er verlagert die Verantwortung für diese Entscheidung nach außen: der Meister und die Normalität des damaligen Alltags haben ihn zum Eintritt gebracht. Vorsichtig soll hier neben der Familie ein weiteres Problemfeld abgesteckt werden, daß mit Eigenverantwortung, Ich-Stärke, Fremd- und Selbstbestimmung zu tun hat.

Ab Zeile 15 ist nur noch die Staatssicherheit und der berufliche Werdegang Müllers in dieser Institution Thema. Müller geht zunächst auf die Werbung ein. 1960 wurde er von Mitarbeitern des MfS angesprochen. Von 1961 an begann seine „Karriere" beim MfS als Wachmann, um *„erst mal zu wissen, wie man in Uniform rumläuft, wie man sich zu benehmen hat bei der Truppe."* Die Darstellungsweise des Eintritts in das MfS ist dem in die SED ähnlich. Müller *„wurde"* angesprochen und der Kontakt scheint ihm zufolge nur zufällig gewesen sein: *„Wurde dann irgendwo mal rausgekramt bei der Werbung der Staatssicherheit."* Die Tatsache, daß man von der Staatssicherheit angesprochen wurde entsprach den Rekrutierungsgewohnheiten des MfS. Selbstbewerbungen wurden mißtrauisch beäugt, weil man Unterwanderungen ausschließen wollte und deshalb vom MfS gezielt die Rekrutierung der Mitarbeiter ausging. Müller erklärt sich das Interesse des MfS für ihn mit seiner Einschätzung, daß er *„charakterlich in die Gesellschaft"* gepaßt hätte. Während andere ehemalige MfS-Mitarbeiter an dieser Stelle von ihren politischen Aktivitäten in der SED oder bei der FDJ berichten, um das Interesse des MfS zu erklären – die Arbeit in diesen Organisationen galt quasi als Empfehlung für die Stasi – beschreibt Müller seine Eignung damit, daß er *„nicht kriminell"* gewesen sei. Diese Darstellung verwundert. Die Eignung könnte sich durch ideologische Anpassung oder sozialistischen Eifer begründen, aber genau dieser politische Aspekt scheint Müller bei sich nicht als Eignungs- und Rekrutierungsgrund auszumachen. Er will den Eindruck schaffen, kein ideologischer Übereiferer gewesen zu sein, der darauf erpicht war, beim MfS gegen die Feinde der DDR zu kämpfen. Schließlich hat er sich auch nicht aufgedrängt, sondern wurde ausgewählt.

Daß Müller zunächst im Wachbataillon angefangen hat, war auch nicht zufällig. Er begründet es dadurch, daß er erst mal lernen mußte, wie man sich bei der Truppe zu benehmen hatte. Müller erweckt den Eindruck, daß er bei der Stasi ganz unten angefangen hat als – wie er es später ausdrückt - *„kleiner, fleißiger Wachsoldat".* Er lernte von der Pike auf, ganz nach dem Motto: Wer hoch hinaus will, muß klein anfangen. Vielleicht war Müller wirklich so zurückhaltend bescheiden, ängstlich und unambitioniert. Aber dennoch wirkt diese Passage wie der Bericht von einer Tellerwäscherkarriere in Stasikategorien. Müller, so meine Vermutung, war karrierebewußt, wollte nach oben, aber vermeidet es, zu „karriereorientiert" aufzutreten, weil das heute entsprechend negativ interpretiert werden würde oder schon damals nicht opportun war.

Insgesamt wirkt der Eintritt in das MfS seltsam emotionslos, als wäre alles schicksalhaft vorbestimmt gewesen, als wenn eigene Überlegungen, berufliche Alternativen gar nicht mehr in Frage gekommen wären.

1964 *„wurde"* Otto Müller zur Paßkontrolle nach Schmilka versetzt. Seinen Wechsel zur Paßkontrolle verbindet Müller mit einem Bericht über die Umstrukturierung der Grenztruppen, zu denen die Paßkontrolle bis Anfang der 60er Jahre gehörte, dann aber in das MfS integriert wurde. Da dieser Bereich beim MfS noch im Aufbau begriffen war, wurden dort *„natürlich Leute gebraucht, weil einige Mitglieder der Grenztruppen auch ausgegliedert worden sind, nicht übernommen worden sind, und da mußten neue, junge Leute mit dorthin."* Es scheint am Pflichtbewußtsein oder der Karriereorientierung Müllers gelegen zu haben, daß er sich bei diesem dynamischen Neuanfang der Paßkontrolle unter MfS-Führung anscheinend nicht verwehren konnte. Nicht der Standort war wichtig, sondern allein die Tatsache, daß junge Menschen dorthin mußten und da wollte er nicht aus der Reihe tanzen. In meiner Interpretation war die Versetzung etwas Fremdbestimmtes, aber Fremdbestimmung ist ein viel zu negativ besetztes Wort, als daß es den Sinn der Handlung belegen kann, mit der Müller seinen Wechsel sieht. Denn Fremdbestimmung setzt voraus, einen eigenen Willen zu haben gegen den jemand Fremdes sich hinwegsetzt. Müller scheint diesen eigenen Willen nicht gehabt zu haben. Im Gegenteil, er stilisiert den Gehorsam, das Folgen anderer Leute Entscheidungen zu einer Tugend, die einen Menschen auszeichnet, weil er fähig ist, eigene Eitelkeiten unterhalb des Allgemeinwohls und der Interessen des großen MfS anzusiedeln. Daß Müller kommentarlos folgt, deutet daraufhin, daß er keine besonders konfliktfähige- und bereite Person war/ist. Er ordnet sich unter.

Müller erklärt daraufhin die Strukturen der Paßkontrolle (Abt. VI), die in zwei Bereiche untergliedert war, nämlich den operativen Bereich und die „*reine*" Paßkontrolle. Müller betont mit dem operativen Bereich nie etwas zu tun gehabt zu haben. Müller beweist damit, über die verfängliche Arbeit des MfS und deren heutigen Wirkung informiert zu sein, distanziert sich aber und macht deutlich, daß er als Mitarbeiter der „reinen" Paßkontrolle keine Verantwortung für die heute so negativ diskutierten Machenschaften der Stasi trägt. Er kommuniziert damit, eine weiße Weste zu haben. Die vorherige komplizierte Darstellung, daß die Paßkontrolle ja ursprünglich gar nicht zur Stasi gehörte, Mitte der 60er dort aber angesiedelt wurde, scheint in dem Kontext der Distanzierung vom operativen Bereich der Paßkontrolle sehr wichtig. Seine Arbeit soll nicht mit den bösen Machenschaften der Stasi vermischt werden, denn Paßkontrolle und Staatssicherheit waren von den Entstehungswurzeln her zwei Paar Dinge.

Der folgende Abschnitt (Zeile 49-57, S. 1) schert aus der Erzählstruktur etwas aus. Müller meint versäumt zu haben, zu betonen, daß er mit „*voller Courage, mit eigenem Willen, mit eigener Überzeugung 1961 dort begonnen (hat)*". Es sei seine Entscheidung gewesen in Absprache mit den Eltern, die zwar ein „*bißchen skeptisch waren – rein vom Namen her, weil die Eltern damit nie was zu tun hatten mit Staatssicherheit mit ihrem Leben auf dem Dorf als Hausfrau und Kraftfahrer, also in politischen Dinge nie integriert waren und deshalb war das Wort Staatssicherheit für die natürlich erst mal ein bißchen überraschend. Das war normal. Es gab dann im Prinzip keinerlei Auseinandersetzungen oder Zerwürfnisse, das hat sich dann alles geklärt.*" Diese Aussagen sind sehr interessant. Nicht nur, weil Müller sich plötzlich in einer aktiven, selbstbestimmten Rolle darstellt, sondern auch, weil es das zweite und letzte Mal ist, daß seine Eltern erwähnt werden. Die obige Vermutung wird untermauert, daß es Probleme mit den Eltern gegeben hat. Müller konnte sich anscheinend nicht der vollen Unterstützung seiner Eltern versichern, aber die ihm fehlende Rückenstärkung erklärt er sich schnell damit, daß seine Eltern im Grunde sowieso etwas hinterwäldlerisch-ahnungslos waren (auf dem Dorf als Hausfrau und Kraftfahrer nie in politische Dinge integriert). Der Gedanke, der sich mir hier aufdrängt, ist, daß die Eltern gegen die Staatssicherheit waren und Müller generell ein gespaltenes Verhältnis zu ihnen hatte. Er kann sich nicht mit ihrem Status identifizieren. In diesem Sinne erscheint sein MfS-Einstieg als eine Emanzipation gegen seine Eltern und eine Abnabelung von ihrer primitiv-dörflichen Welt. Umso mehr demonstriert seine Ablehnung der statusniedrigen Eltern, wie sehr er einen sozialen Aufstieg erfährt und wie sehr er eine Heimat woanders als bei den Eltern und dem Dorf sucht, in denen sie leben. Es verwundert deshalb nicht, daß Müller das MfS nicht nur als Arbeitgeber beschreibt, sondern als Institution, in der er *„großgeworden"* ist. Insgesamt kommt das Thema Karriere hier wieder ins Spiel.

Es muß übrigens gesagt werden, daß Müller selber kein einziges Mal in dem Interview das Wort „Karriere" benutzt – ein, wie ich glaube, westliches Konzept, mit dem Ostdeutsche und auch Müller negative Assoziationen haben. Müller verwendet Begriffe wie „Werdegang", „Auftrag", „Befehl", „Großwerden", um seine berufliche Entwicklung zu bezeichnen. Eine Karriere zu machen ist somit, wenn, dann kein offenes Motiv für seine Tätigkeit. Wenn ich diesen Begriff trotzdem gebrauche, dann muß die Berufskarriere im Sinne Müllers Selbstpräsentation als etwas Organisch-wachsendes, vordergründig nicht auf sich Selbstbezogenes verstanden werden. Daß dahinter dennoch ein Aufstiegs- und Statusdenken steckt, wird im Laufe des Interviews deutlich.

Otto Müller kehrt anschließend zu seiner Berufskarriere zurück und zählt im Folgenden die verschiedenen Dienststellen auf, bei denen er tätig war. Von Schmilka wurde er nach Bad Schandau versetzt, wo er zum Gruppenführer befördert wurde und in der SED als Parteigruppenorganisator tätig war. Mit der Aussage, daß er damit auf kleinster politischer Ebene tätig war, macht Müller sich selber unwichtig. Politisch hat er sich anscheinend nicht übermäßig ins Zeug gelegt. Doch trotz der Relativierung seiner Parteifunktion muß er gewußt haben, daß diese Position eine fördernde Funktion für seine Karriere gehabt haben muß, schließlich wurde er zu einer Fortbildung nach Potsdam-Eiche geschickt, was vor allem den funktionierenden, ambitionierten Tschekisten vorbehalten war. Es kann allerdings sein, daß Müller zur Partei tatsächlich ein politisch gleichgültiges Verhältnis hatte und er nicht wegen der politisch-ideologischen Botschaften der SED sich als Parteigruppenorganisator betätigte, sondern einfach, weil es den Erwartungen entsprach und zum guten Ton gehörte.

Müller fährt fort: *"Und da ich mich wahrscheinlich insgesamt nicht dumm angestellt hatte..."* - ein Understatement, mit dem er m.E. nur deutlich machen will, daß er ziemlich klasse war, einer, auf den Verlaß war und der gefördert wurde – wurde er 1967/68 von Bad Schandau zurück nach Schmilka versetzt. Die Versetzung nach Schmilka versieht er mit dem Nachsatz: „*Aber als stellvertretender Leiter.*" Er hatte es jetzt zu etwas Besserem gebracht, hatte Erfolg.

Kurz darauf, 1969, wurde er nach Görlitz versetzt - als amtierender Leiter der Grenzstelle, „weil der dortige Leiter auf der Hochschule in Potsdam war. Dort wurde also jemand gebraucht, und da mußte ich dann als amtierender Leiter hingehen". Er wollte nicht, er mußte angeblich.

Ende 1969 wurde Müller Leiter der Paßkontrolle in Zinnwald. Nach der Erwähnung der Versetzung nach Zinnwald folgt eine Passage, die erstmals erzählerische Züge trägt. Hier referiert Müller über die familiären Probleme, die durch die vielen Umzüge verursacht wurden. Er gibt zu, in Zinnwald nicht zufrieden gewesen zu sein. Erstmals spricht er hier nicht von „ich", sondern von „wir" – gemeint ist die Familie. Die Probleme mit der Familie scheinen seinem Pflichtbewußtsein, seinen Dienst dort zu tun, wo er gebraucht wurde, jedoch nichts angehabt zu haben. Der Dienst stand über der Familie nach dem Motto: Das muß man eben in Kauf nehmen. Deshalb zog Müller aus den umzugsbedingten Problemen, die er nicht weiter spezifiziert, keine Schlußfolgerungen für seine Biographie.

1978 folgte die nächste Dienststelle: Die Versetzung aus der Paßkontrolle zum Leiter des 200-Mann starken Wachdienstes der BV Dresden. Ein Schritt, den Müller als Kuriosität ansieht, weil es eigentlich nicht zu seiner Qualifizierung paßte, in das Wachbataillon zu wechseln, aber mit den 200 jungen Menschen des Bataillons *„mußte ja irgendwie, mit denen mußte was gemacht werden und da mußte ich von Zinnwald nach Dresden."* Endlich kam er vom ungeliebten Zinnwald fort.

„Und dann kam irgendjemand wieder auf den Gedanken, naja, eigentlich brauchen wir wieder einen Kader in der Abteilung VI, also Bereich Paßkontrolle, und so wurde ich 1985 Leiter der Paßkontrolle für den gesamten Bereich des Bezirkes Dresden". Einmal mehr verdeutlicht diese Passage, wie sehr Müller den Entscheidungen anderer folgt. Andere planen seine Karriere ohne sein Zutun, er folgt bloß. Die Frage ist, ob er sich hätte weigern können. Daß er sich selbst vehement um einen weiteren Aufstieg bemüht haben könnte, erwähnt er nicht. Es scheint seine Vorsehung gewesen zu sein, daß er die Karriereleiter beim MfS immer weiter emporstieg. Interessant ist die Aussage, daß er „leider stellvertretender Leiter der Abt. VI und dann verantwortlich für den Bereich Paßkontrolle" war. Er scheint sich daran zu stören, weiterhin Stellvertreter eines anderen zu sein, obwohl er als Verantwortlicher der

Paßkontrolle im Bezirk immerhin 381 Mitarbeiter unter sich hatte und ein Jahreseinkommen von 33.750 Mark bekam.[147] In einer kurzen Passage evaluiert Otto Müller, daß seine Beförderung damit zusammenhing, daß er durch seine Versetzungen viele verschiedene Grenzübergänge aus eigener Erfahrung kannte. Er erwähnt, durch seinen letzten Posten in der MfS-Hierarchie vom Unteroffizier zum Oberstleutnant aufgestiegen zu sein. Das war der zweithöchste Offiziersdienstgrad, den man erreichen konnte. Gleichzeitig argumentiert er, daß das eine "normale" Entwicklung gewesen sei, weil er die MfS-Hochschule in Potsdam besucht hatte. Offensichtlich war Müller trotz des Wehmutstropfens nur Stellvertreter eines anderen zu sein in der Abt. VI. stolz, relativiert aber sogleich seinen Karriereeifer und ordnet sich in ein Normalitätskonzept ein. Das kann mit der Interviewsituation zusammenhängen, in der Müller glaubt, einem Westler gegenüber nicht das Bild eines zu eifrigen Stasimannes präsentieren zu können, es kann aber ebenso – wie oben erwähnt – mit einem spezifischen MfS-Habitus zu tun haben, denn innerhalb des MfS mußte man sich als Individuum unterordnen und sich für das Gemeinwohl, die staatliche Sicherheit ungeachtet persönlicher Interessen einsetzen. Zu starker persönlicher Ehrgeiz scheint beim MfS nicht opportun gewesen zu sein. Wenn sich Müller als Schild und Schwert der Partei verstand[148], die sich den Sozialismus, und damit die Gleichheit aller Menschen, auf die Fahnen geschrieben hatte, ist diese vordergründige Zurückhaltung verständlich.

Es folgt der Bericht über die Ereignisse des Jahres 1989. Die BV in Dresden, Arbeitsplatz von Müller, wurde am 5./6. Dezember 1989 besetzt. Er erwähnt an dieser Stelle keinerlei persönliche Eindrücke von dieser Zeit, die für alle BV-

---

[147] Bürgerkommitee, MfS-Bezirksverwaltung, S. 11
[148] was der Auftrag des MfS war, wie es der erste Minister für die Staatssicherheit, Ernst Wollweber, auf dem IV. Parteitag der SED einmal formulierte, siehe: Fricke, Karl W., MfS intern. Macht, Strukturen, Auflösung der DDR-Staatssicherheit, Köln 1991, S. 78

Mitarbeiter ein einschneidendes Erlebnis gewesen sein muß. Nicht nur, weil mit den Protesten der Bürger das MfS in seiner Existenz bedroht war, sondern weil in der BV und der Siedlung, in der Müller wohnte, eine aggressive Stimmung geherrscht haben muß. MfS-Mitarbeiter wurden von Demonstranten angegriffen, Fenster der Wohnungen eingeschmissen, die Wohnungen teils kontrolliert, weil man dachte, die Mitarbeiter hätten sonst was für Schätze in ihren Wohnungen gehortet. Im kollektiven Gedächtnis der Bewohner der Siedlung, das weiß ich aus anderen Interviews, ist auch die Szene verhaften geblieben, wo einem Mitarbeiter eine Schlinge um den Hals gelegt wurde, so als ob man ihn hängen wolle. All diese Szenen, die Müller nicht entgehen konnten, werden nicht erwähnt. Für ihn war anscheinend nur wichtig, daß es arbeitsmäßig weitergehen konnte. Dies unterstützt die Überlegung, daß er sehr auf seine Arbeit fixiert war und sich darüber definierte. In einer ausgesprochen argumentativen Passage legt Müller dar, daß die Grenzen weiterhin existierten und es „*mußten*" nach wie vor Kontrollen an den Grenzen gemacht werden: *„Damals noch im Interesse der DDR, aber ich denke auch im Interesse der damals schon zu erwartenden BRD, der Eingliederung. Es konnte ja kein Chaos entstehen an den Grenzen, wo jeder nun ankam und rein und raus wollte wie er gerne gewollt hätte."* Für Müller scheint diese Phase eine von der beruflichen Herausforderung her wichtige Erfahrung gewesen zu sein. Anfang Dezember setzt er sich mit einer kleinen Gruppe von Mitarbeitern nach Bad Schandau ab, um von dort seinen Aufgaben als oberster Paßkontrolleur gerecht zu werden. *„Das war eine sehr komplizierte Situation für uns"*, argumentiert Müller, *„der Führungspunkt in Dresden war besetzt, sämtliche Unterlagen waren dort stationiert, konnte keiner was mitnehmen, aber ich mußte ja weiterarbeiten"*. In Bad Schandau mußte Müller *„ohne Anleitung und ohne Kontrolle"* arbeiten, *„weil selbst die Verbindung nach Berlin, wo wir die HA VI hatten, wo wir fachlich angeleitet wurden, diese Verbindung war auch nicht mehr da, so daß* *wir eigentlich die Aufgabe hatten mit den paar Leuten, die übriggeblieben waren, die ich mitgenommen hatte nach Bad Schandau mit viel Schwierigkeiten nun die Grenzübergangsstellen zu führen."* In dieser Szene erscheint Müller zwar in einer aktiven Rolle. Es *„wurde"* nichts für ihn entschieden, sondern die Entscheidungen gingen von ihm aus. Die argumentative Darstellung zeugt jedoch von einer gewissen Unsicherheit. Er argumentiert nicht, daß er einfach tat und machte, sondern er erweckt den Eindruck einer Zwangslage, in der er unfreiwillig nicht anders konnte als so zu handeln, wie er schließlich handelte - ohne Anleitung und Kontrolle, genau das scheint der Grund seiner Verunsicherung gewesen zu sein.

Im März 1990 wurde Müller mit seiner Abteilung den Grenztruppen und damit dem Innenministerium unterstellt und in Pirna eingesetzt. Müller wurde karrieremäßig degradiert und arbeitete nur noch *„auf einer unteren Ebene"*. Mit dem sich nun anbahnenden, langsamen sozialen Abstieg ergibt sich ein interessanter Wechsel der „Erzähl"-Perspektive. In der Passage Seite 2, Zeile 54-62 und dann wieder mit dem Weiterfahren des Berichts über die Zeit nach 1990 (ab Seite 5, Zeile 59) berichtet Müller nicht mehr ausschließlich von sich, sondern benutzt zeilenlang nur noch das Personalpronomen „wir" (gemeint sind seine MfS-Kollegen) – so als ob er nach 1989 das MfS nicht mehr als berufliche Heimat und Trittbrett seiner Ambitionen, sondern als Schicksalsgemeinschaft von Menschen empfinden würde, die gemeinsam eine schwere Zeit durchstehen. In der Krisensituation kommt der Rückbezug auf die Gemeinschaft. Dies scheint mir ein auffälliger Mechanismus zur Überwindung der sich nun abzeichnenden beruflichen Krise zu sein.

Trotz des Signals des Biographen weitererzählen zu können, greift der Interviewer ein und beginnt eine erste Nachfragephase.[149] Die Motivation für den Eintritt in das MfS wird nachgefragt. Müller berichtet, daß er relativ stark umworben wurde, bis er, 20jährig, in das MfS eingetreten ist. Er selber, so sagt er, wollte von sich aus gar nicht und hatte das Wort „Staatssicherheit" vor seiner Rekrutierung auch nicht gekannt. Müller konnte sich zwar mit der DDR identifizieren, er „*integrierte*" sich in diesen Staat, aber die „*politischen Floskeln*" mit denen er damals geworben wurde, scheint er nicht besonders ernst genommen zu haben. Ideelle, weltverbesserische Gründe, ein Motiv, das bei vielen älteren MfS-Mitarbeitern, die den Krieg noch direkt erlebt hatten und zur ersten Mitarbeitergeneration gehörten, vorherrschte, waren bei Müller nicht so wichtig wie die berufliche Perspektive: *"Ich (bin) praktisch mitgegangen mit den Vorstellungen was ich einmal für einen Werdegang gehen könnte bei der Staatssicherheit"*. Der Berufsstart selbst war anscheinend ganz unambitioniert: „*Ich war ein ganz kleiner, fleißiger Wachsoldat, der seine Aufgaben gemacht hat, wie sie eben gefordert wurden.*" Diesen vordergründig selbstlosen Gehorsam, dieses preußische Pflichtbewußtsein erklärt er wie folgt: „*Eben vom Charakter her, von der Schule, vom Elternhaus so erzogen und Lehrstelle wahrscheinlich doch ein bißchen zuverlässig, was ich angepackt habe, wurde gemacht und nicht geschlampert, ja, und das wurde gemacht und ein bissel Eigeninitiative dazu und so bin ich eben von einer Funktion in die andere geschubst worden, ja. Natürlich dann auch durch mein Dazutun durch Lehrgänge und wie ich gesagt habe Schulungen. Das ist eigentlich so zum Motiv und wie ich daringekommen bin zu sagen*".

Auf seine Vorstellungen über die Arbeit beim MfS angesprochen äußert Müller, daß er „*keinerlei, keinerlei Vorstellungen*" und „*keinen blassen Dunst*" gehabt habe. Die Frage, die sich aus einer solchen Aussage ergibt, ist, wieso man sich

---

[149] forschungsideal ist dieser Eingriff nicht und war meiner Unerfahrenheit geschuldet

auf etwas einläßt, über das man nicht Bescheid weiß. Weil der soziale Aufstieg an sich mehr wog, als das inhaltliche Interesse, sich mit seinem Dienstherren zu beschäftigen? Die Erwähnung, beim MfS wesentlich mehr verdient zu haben als im Betrieb, untermauert das materielle Interesse und den Karriereeifer Müllers. Abgeschwächt wird dieser Aspekt durch die Tatsache, daß das MfS als Geheimdienst natürlich keine transparente Institution war und selbst Mitarbeitern aus Sicherheitsgründen nicht mehr Informationen zukommen ließ, als diese für ihre Arbeit benötigten. Es gab nur wenige Personen und Abteilungen, bei denen die Informationen zusammenliefen (z.B. auf Bezirksebene beim AKG oder beim Bezirksleiter). Der Wachdienst und generell neue Mitarbeiter bekamen natürlich nicht das gesammelte Geheimdienstwissen aufgetischt. Man mußte sich erst als loyal erweisen. Und so sei auch Müller erst später mit den geheimdienstlichen Aufgaben des MfS bekannt gemacht worden, aber diese seien bei der Paßkontrolle sehr begrenzt gewesen, was Müller schade findet: *„Ich hatte leider nicht die Gelegenheit, das zu tun (IMs zu führen)."* Die mehrmalige Betonung, daß die Paßkontrolle deshalb nicht wirklich zum Geheimdienst gehörte, bedarf größerer Beachtung. Stört es Müller, kein James Bond des Ostens geworden zu sein? Man bekommt den Eindruck, daß Müller Probleme damit hatte, nicht wirklich dazugehört zu haben. Dieser Eindruck korrespondiert mit Textstellen, in denen er davon spricht, „nur" beim Wachbataillon angefangen zu haben oder in denen er sagt: *„Wir waren nie so integriert wie der operative Bereich oder der Geheimdienst generell".*

Andererseits kann diese Darstellung auch dazu dienen, sich von heutigen Verdächtigungen zu befreien, denn weil die Paßkontrolle *„nie so integriert"* war, man keine andere Arbeit machte als beim westdeutschen Bundesgrenzschutz, braucht Müller sich nicht verantwortlich für die Dinge fühlen, wegen denen das MfS nach der Wende öffentlich angegriffen wurde. Hier ist die Botschaft erneut:

Das MfS, bzw. die Paßkontrolle war nichts Schlimmes, er selbst hat nichts Verwerfliches getan, die heutige Ablehnung seiner Person ist ungerecht. Die Frage nach dem Umgang mit dem militärischen Gehorsam und der Verschwiegenheit, die MfS-Mitarbeiter leisten mußten, ist für Müller anscheinend eindeutig zu beantworten. Er wiederholt mehrere Male, keine Probleme gehabt zu haben. Probleme gab es nur mit dem Umziehen, aber da *„die Frau und die beiden Söhne"* (beachtenswert ist die distanziert wirkende Verwendung der bestimmten Artikel, die er anfänglich auch bei seinen Eltern verwendet) ebenfalls beim MfS gearbeitet haben, sei vieles einfacher gewesen. Als Müller auf seine Söhne zu sprechen kommt, wirft er kurz ein, daß der eine Sohn tödlich als Wachsoldat verunglückt sei. Das weiter auszuführen, lehnt er allerdings ab: *„Ja, da brauchen wir nicht weiter drüber reden, ja, das war ein Unfall wie das eben unter jungen Leuten mit Waffen passiert beim Waffenreinigen".* Es tauchen keine Sentimentalitäten oder plötzliche Erinnerungen auf. Man könnte – in Bezug auf zuvor geäußerte Hypothesen - schlußfolgern, daß soziale Bindungen keine große Rolle gespielt haben. Eine zweite Lesart ist, daß dieses Erlebnis Müller so verletzt hat, daß er nach wie vor nicht mit dem Verlust seines Sohnes umgehen kann. Der Tod des Sohnes ist nicht erzählbar und eh ihn die Erinnerung an den Verlust übermannt, schützt er sich mit einem rationalisierenden Gedenken nach dem Motto: Das passiert eben unter jungen Leuten. Interessant ist die Beantwortung der Frage unter Berücksichtigung damaliger und heutiger Einstellungen: *„Ich meine, daß ich da heute zu bestimmten Themen eine andere Meinung habe wie damals, daß hat die Geschichte mit der Zeit mit sich gebracht, auf das Thema werden wir wahrscheinlich auch noch kommen, aber damals hat mich das nicht gestört. Mir war das klar, ich bin in einer militärischen Truppe integriert und da gab es Befehle wie in anderen militärischen Vereinen und Befehle muß man ausführen".*

Müller präsentiert sich hier als Lernender, jemand, der reflektiert und zu Eigenkritik fähig ist – oder sich schlichtweg der heute herrschenden Meinung unterordnet, denn das hat er sein ganzes Leben über getan.

Zur Einschätzung seines damaligen Sozialstatus berichtet er, daß es aus eigener Erfahrung keine Probleme mit der Bevölkerung oder anderen staatlichen Stellen gegeben habe. Er kommuniziert damit, daß weder für ihn noch für andere das MfS etwas kritisch zu Beäugendes war. Es war schließlich nicht schlimm, dort gearbeitet zu haben. Die einzige Problematik sieht Müller in den Unterschieden des Gehalts zwischen Staatssicherheit, NVA und Grenztruppen, was zu Mißgunst geführt habe, denn die MfS-Leute verdienten am meisten: *„Im Vergleich zu Zöllnern und zu Grenztruppen (standen) wir immer etwas höher".*

Zur Bedeutung der DDR antwortet Otto Müller, daß die DDR sein Staat war, auch wenn er sich an bestimmten Dingen (Verfall der Häuser, Reisebegrenzung) gestört habe. *„Aber man hatte Vertrauen und hat gesagt, die Partei wird das schon machen, so war das. Und wenn die Partei das sagt, dann wird das schon richtig sein. Heute habe ich zu gewissen Dingen eine andere Meinung, aber ich habe das damals voll mit Bewußtsein und Akzeptanz gemacht, ja, ohne nach außen zu sagen, ich bin der Mann für den Staat und nach innen zu schimpfen ".*

Zur Einschätzung der DDR-Opposition stellt Müller klar, daß diese Opposition relativ klein war (und insofern unbedeutend) und er politisch nichts damit anfangen konnte – aufgrund seiner Erziehung. Die Verschiedenheit von Menschen und Meinungen scheint ihm nicht geheuer gewesen zu sein, nicht nur vom MfS-Auftrag her, sondern schon von klein an. Die Verantwortung für sein Handeln wird erneut nach außen, an seine Eltern delegiert. Ansonsten war die Bearbeitung der Oppositionellen für ihn *„ganz normale Geheimdienstarbeit"*. Er betont aber, selber nie operativ gegen die sogenannten DDR-Oppositionellen vorgegangen zu sein.

Zur ehemaligen BRD sagt er, diesen Staat als Gegner gesehen zu haben, und sich zum Leben in der BRD kein Bild gemacht zu haben, weil er nie dort gewesen sei.

Im folgenden Abschnitt knüpft Müller an die unmittelbaren Wendeerlebnisse an. Nach der Wende und der neuen Zugehörigkeit zum Bundesgrenzschutz mußte Müller Lehrgänge besuchen, um vom Westen zu lernen, was er fast sein ganzes Berufsleben lang getan hatte: Pässe kontrollieren. Viel bedeutsamer als diese degradierende Erfahrung scheint der 3. Oktober 1990 gewesen zu sein. Mit diesem Tag wurde Müller aus den Grenztruppen „*ausgegliedert*". Zwar konnte er in den Vorruhestand gehen, was eine vorübergehende finanzielle Absicherung bedeutete. Doch das Vorruhestandsgeld für MfS-Angehörige wurde ab August 1991 eingestellt. Eine einschneidende Phase fing damit an. Am 1. August 1991 mußte sich Müller, 51jährig, arbeitslos melden. Zum ersten Mal in seinem Leben sei er nun nicht mehr „*integriert*" gewesen, was ihn gesundheitlich stark mitgenommen habe. Müller: *„Ich möchte sagen, das war eigentlich auch ein Zeitpunkt, der mich in der gesamten Wendezeit am meisten beschäftigt und nervlich belastet hat. Ja, weil ich sagen muß, alle anderen Wendeereignisse habe ich relativ gut verkraftet und habe sie auch gar nicht so richtig mitgekriegt, weil ich immer integriert war"*. Interessanterweise kommt Müller in diesem Abschnitt immer wieder darauf zu sprechen, daß er vor dem 1. August 1991 noch integriert war und es ihm deshalb besser erging als anderen MfS-Mitarbeitern, die viel eher ihren Arbeitsplatz verloren. Das Integriert-Sein, das Dazugehören und Anerkannt-Sein, eine Vorstellung, die durchgehend im Text auftaucht, scheint erneut von zentraler Rolle für Müller zu sein.

Müller wußte sehr genau, daß es ihm im neuen System nicht leicht fallen würde: *"...nun auf dem Arbeitsamt, saß das erste Mal in meinem Leben als damals 51jähriger, wo jeder wußte, daß mit diesem Alter keine Arbeit mehr zu kriegen ist, geschweige denn ein Offizier der Staatssicherheit,...".* Vollkommen resigniert und hoffnungslos war er allerdings nicht. Daheim habe er gesessen und gedacht: *"Irgendwie muß es doch weitergehen. Bist 51jähriger. Nach damaliger Sicht noch mindestens 9 Jahre bis zur Rente. Jeden Tag, also was wird denn nun?"*

Nach dem biographischen Bruch, arbeitslos zu werden, mußte Müller neue Denk- und Handlungsmuster aufbauen: „Also mußte von mir was losgehen. Daß man mich an die Hand nimmt wie es zu DDR-Zeiten war, das war ja vorbei, das hatte ich in der Zwischenzeit begriffen. Ich mußte mir nun was einfallen lassen", resümiert er. Müller scheint das erste Mal in seinem Leben, auf sich gestellt gewesen zu sein. Dem eindeutigen krisenhaften Bruch in seiner Biographie, der sogar zu gesundheitlichen Problemen führte, was im psychosomatischen Sinne auf ein Nichtverarbeiten-Können der Situation hindeutet, versucht Müller schließlich mit einem anpackenden Pragmatismus zu begegnen. Einfach scheint das nicht gewesen zu sein, denn für Müller war der Versuch, etwas Neues anzufangen, ein „Kampf", den er mit der neuen Bürokratie (Arbeitsamt) auszufechten hatte. Er machte dann eine einjährige Umschulung in Privatrecht, um *„erst mal wieder integriert (zu sein)"*. Ihm war zwar klar, trotz seines Rechtstudiums beim MfS und der Umschulung niemals als Anwalt arbeiten zu können, aber der Aufbau einer neuen beruflichen Karriere scheint nicht mehr relevant zu sein. Nicht Erfüllung, Anerkennung im Beruf wird gesucht, sondern Integration und Unterhaltung. Fast unpassend wirkt es, daß Müller erzählt, daß er sich für die Umschulung interessiert habe, daß es ihm *„Spaß"* gemacht habe und er *„neues Wissen aufbauen konnte"*. Für jemand, der pflichtbewußt auf oberster Ebene in der Hierarchie des MfS mitgewirkt hat, wird deutlich, wie sehr die Kriterien, nach denen eine Beschäftigung bewertet wurde, sich änderten. Nicht mehr Pflichterfüllung, das Befolgen von Befehlen und das Tun dessen, was getan werden mußte stehen im Mittelpunkt, sondern Spaß und Zeitvertreib bis zur als normal angenommen Rente mit 60. Ich interpretiere diesen Umstand als ein Zeichen, daß Müller sich und sein Leben nach der Wende erstmals problematisiert und sich als Person mit eigenen Interessen und Nöten entdecken muß. Dazu hatte er vorher nie Anlaß, selbst familiäre Probleme und der Tod seines Sohnes – Aspekte, die ich als Problemfelder abgesteckt habe – scheinen dem Selbstverständnis Müllers nichts angehabt zu haben.

Es folgte eine Zeit der Arbeitslosigkeit, ab Anfang 1993 bis Mai 1993 ein vom Arbeitsamt finanzierter Computerkurs, *„um auf diesem Gebiet mal reinzuriechen, da hatte ich ja überhaupt keine Ahnung"*. Danach war Müller wieder arbeitslos. Immer mehr wird deutlich, daß sich Müller von der gewohnt durchorganisierten, linear nach oben entwickelten und dadurch kompensatorisch Anerkennung schenkenden Berufskarriere beim MfS verabschieden mußte. Die Erwartbarkeit eines Fortkommens im Beruf in einer hinsichtlich des Arbeitsplatzes als sicher geltenden Behörde war dahin. Die weiteren Stationen des Lebensweges von Müller hängen nur noch vom „*Glück*" ab und es kam nur noch darauf an, Zeit totzuschlagen: *„Aber ich hatte einmal Glück durch das Jahr Umschulung kriegte ich ein halbes Jahr zusätzlich Arbeitslosenzeit, so daß ich wieder ein halbes Jahr gewonnen hatte, um vorwärts zu kommen mit der Zeit."* Eine ABM-Stelle in Dresden bei einem Beratungsdienst folgte von Anfang 1994 bis 1995, durch „*Glück*" wurde ein zweites Jahr bewilligt. Bis Anfang 1996 arbeitet Müller dann in diesem Rechtsberatungsdienst und hilft „*älteren und armen Leuten*". Die Ausrichtung auf andere Menschen scheint mir ein weiterer Aspekt innerhalb der aktualisierten Handlungsmuster Müllers nach der Wende zu sein.

Nach der ABM-Stelle folgte wieder eine Zeit der Arbeitslosigkeit, dann Arbeit in der sächsischen "Aktion 55", in der sich arbeitslose Bürger über 55 acht Stunden in der Woche bei einem Entschädigungsaufwand von 200 Mark für gemeinnützige Zwecke engagieren. Müllers Motiv dabei: „*Wieder unter Menschen sein*".

Wider Erwarten folgte ab April 1997 auf ein Jahr das Angebot für eine weitere ABM-Stelle in der zuvor genannten Beratungsstelle. Für Müller bedeutete das, langsam die seit 1. August 1991 (Müller benennt mehrere Male exakt dieses Datum) aufgebaute „*nervliche Anspannung*" wieder abbauen zu können: „*Da ich weiß, vom Alter her, wenn die ABM abgelaufen ist im nächsten Jahr (also 1998), dann komme ich mit meiner vorhandenen Zeit der Arbeitslosenzeit bis zur Rente bis 60, weil ich mit 60 in Rente gehen kann – ohne Abzug von Rentenpunkten. Das wird nicht eine Masse sein, weil es nur die Staatssicherheitsrente gibt, aber ich habe zumindest eine allgemeine Absicherung, mit der ich leben kann, mich versorgen kann*".

Eine zweite Nachfragephase folgt. Wird sein Schicksal einer Strafjustiz unterworfen? Otto Müller war klar, im neuen System nicht mehr in der gleichen Position arbeiten zu können. „*War mir klar aus politischen Gründen*". Akzeptieren kann er allerdings nicht, daß mit einem Federstrich soziale Leistungen für MfS-Leute gestrichen oder gekürzt wurden (Rente), schließlich habe er sein ganzes Leben lang Beiträge bezahlt und dafür gearbeitet. Unverständlich ist für ihn ebenfalls, weshalb man von seinen Mitarbeitern die meisten entlassen mußte: „*Die hätten auch ihre Arbeit gemacht und vielleicht noch fleißiger als die heutigen Bundesgrenzschützler, ja. Und da sie auch nicht so integriert waren negativer Art, hätten sie auch keinem geschadet*". Auch wenn Müller anschließend noch einmal betont und einsieht, daß „*wer politisch nicht ins Geschäft paßt, hat keine Chance im öffentlichen Dienst zu arbeiten (...) ...das ist genauso wie bei uns in der DDR*", ist er dennoch enttäuscht. Wenn die

Politiker der BRD es mit ihren Vorwürfen gegen den Osten ernst meinen würden, so Müller, dürften sie heute die MfS-Mitarbeiter nicht so behandeln wie sie es tun. Bitter ist für ihn, daß andere hohe Offiziere der NVA oder der Grenztruppen auch übernommen worden seien. Ungesagt steht im Sinne Müllers die Frage offen, wieso gerade er abgelehnt wird? Insgesamt begegnet Müller seiner heutigen Lage mit Zweckpragmatismus und viel Unverständnis. Er geht nicht so weit, sich als Opfer der neuen Ordnung zu stilisieren, aber angesichts der Tatsache, immer nur seine Pflicht getan zu haben (ein für Müller überaus positiver und überlebenswichtiger Aspekt seines Lebens), reagiert er mit Enttäuschung auf die heutige Nichtwertschätzung der Arbeit, die er unter Verzicht geleistet hat.

Daß es zu dieser Strafjustiz gegenüber den Mitarbeitern des MfS kam, hängt nach Auffassung Müllers mit zwei Aspekten zusammen: Zum einen hat die Staatssicherheit übertriebene Vorstellungen ihres Sicherheitsauftrags gehabt; zum anderen haben die Medien nach der Wende eine unzutreffende Meinung über das MfS verbreitet und damit zu den Sanktionierungen gegen die MfS-Mitarbeiter beigetragen. Vorher habe es keine negative Meinung gegen die Staatssicherheit gegeben. 1997 stellt er fest, daß die anfängliche Hysterie sich wieder allmählich legt: *„Weil die ja nun mitgekriegt haben, was denn nun passiert mit Geheimdiensten in der ganzen Welt, da sind viele Informationen durch die Pressefreiheit weitergegeben worden, daß die heute eben sagen `Na, Ihr habt ja eigentlich nichts anderes gemacht`- bis auf die Überspitzungen, die ich ja schon genannt habe. So würde ich das beurteilen".* Zum wiederholten Male betont Müller, daß die Stasi ganz normale Geheimdienstarbeit geleistet habe – wie jeder andere Geheimdienst auf der Welt auch. Interessant ist, daß er erst die offene Berichterstattung über die Stasi kritisiert und sagt, daß die unwissende Bevölkerung nur irregeleitet worden sei, denn eigentlich war ja alles nicht so schlimm. Andererseits benutzt er das Wort „Pressefreiheit" in einem positiven Sinn, weil in den Medien mittlerweile ein differenzierteres Bild gezeichnet worden ist.

Zunächst kann man die Argumentation mit der Pressefreiheit als unpassend empfinden, weil sie aus dem Mund einer Person kommt, die sich ihr Leben lang wohl recht wenig um Pressefreiheit Gedanken gemacht hat. Aber genauso kann man Müller zugestehen, auch an dem neuen System Positives zu finden und umzudenken. Dieser Umstand ist zwar für jeden fatal, der das alte DDR-System so sehr personifizierte wie bspw. ehemalige MfS-Mitarbeiter, weil eine schadenfreudige Deklarierung als „Wendehals" naheliegt. Aber wieso sollte ein Mensch, in diesem Fall Müller, im Gegensatz zur Gesellschaft leben und nur um der Erhaltung einer geistigen Geradlinigkeit willen alles Neue ablehnen? Meines Erachtens ist ein gegen die Gesellschaft gelebtes Leben destruktiv. Zweitens ist Müller sowieso niemand, der das könnte. Er braucht die Anerkennung von anderen und die Übereinstimmung der Innen- und Außenwelt. Und so ist es nicht verwunderlich, wenn er sagt: *„Gelernt habe ich eigentlich aus der heutigen Gesellschaft, daß eine Meinungsfreiheit, wenn sie kultiviert gemacht wird, eigentlich keinem schadet, sondern nur helfen"*. Müller strengt sich an, sich mit der neuen Ordnung zu arrangieren, er könnte auch gar nicht anders als das zu versuchen, aber gefühlsmäßig kann er sich mit der neuen Gesellschaft nicht identifizieren: *„Ich tue mich auf der Stelle, wo ich nach der Wende hingestellt wurde, so integrieren, daß ich wie immer in meinem Leben eine ordentliche Arbeit mache. Aber ich werde mich, daß muß ich Ihnen auch sagen, nicht so integrieren können, daß ich sagen könnte, das ist mein Staat. Das fehlt"*. Absolut programmatisch für Müller ist die Aussage *„Ich tue mich auf der Stelle, wo ich nach der Wende hingestellt wurde, so integrieren, daß ich (...) eine ordentliche Arbeit mache"*. Dieser Satz drückt so viel von Müllers Weltsicht aus. Nicht er fühlt sich stark und handlungsmächtig genug, um sich in der Gesellschaft gemäß seiner eigenen, subjektiven Gefühle und Bedürfnisse zu positionieren, sondern eine übergeordnete Macht stellt ihn an einen Platz, den er ausfüllen muß und an dem er wie immer versucht, sich durch ordentliche Arbeit anzudienen. Er bleibt wegen seines Stasi-Stigmas jedoch trotzdem Außenseiter, folglich kann er sich nicht so integrieren wie er es eigentlich möchte und bräuchte. Der Mechanismus Anpassung, um die Gnade der Mächtigen zu erlangen, funktioniert im neuen System zumindest für ehemalige MfS-Mitarbeiter nicht mehr.

Müller tröstet sich jedoch mit der Hoffnung, daß irgendwann eine bessere Gesellschaft entstehen werde, die die jetzige ablösen wird. Die neue Gesellschaftsvision ist Ausdruck einer Hoffnung, irgendwann rehabilitiert zu werden und in einer Gesellschaft zu leben, die mehr Verständnis und mehr Anerkennung spendet, als die heutige.

Die Frage, weshalb er sich hat interviewen lassen, beantwortet Otto Müller mit seinem Willen, seine MfS-Zeit nicht zu verschweigen und darüber hinaus, einem Studenten bei seiner Arbeit helfen zu können.

Im letzten Abschnitt faßt Müller noch mal zusammen, daß die Übergriffe der Demonstrierenden im Dezember 1989 und vor allem seine Arbeitslosigkeit die schlimmsten Ereignisse während und nach der Wende waren. Ansonsten habe er durch die politischen Umwälzungen keine "Alpträume" bekommen.

8. Verallgemeinerung der Ergebnisse und Typisierung

In der Auswertung des Interviews geht es um die Deutung latenter Sinnstrukturen, die Müller über seinen biographischen Bericht produziert. Im folgenden Schritt werden die als thematischen Felder identifizierten Aspekte und die zuvor gemachten Hypothesen zusammengefaßt und verdichtet.

Die Familie und soziale Bindungen gehören nicht zur biographischen Selbstdarstellung Otto Müllers. Dieser Bereich wird fast vollständig ausgeklammert. Wo er dennoch auf seine Familie/Bekannte eingeht, läßt die erzählerische Darstellung auf Probleme schließen. Anerkennung und Rückhalt scheint Müller lediglich aus seiner beruflichen Tätigkeit bezogen zu haben. Auffällig im Hinblick auf die Beschreibung des beruflichen Werdeganges, der das ganze Interview dominiert, ist die untertanenhafte Karriereorientierung Müllers. Müller scheint sehr erfolgreich und zuverlässig die ihm übertragenen Aufgaben ausgeführt zu haben, was zu stetigen Karrieresprüngen verhalf. Genau diese ständig erwartbare und durch das MfS vergebene Anerkennung scheint ein lebenswichtiger Aspekt Müllers zu sein. Die Problematik, die sich daraus ergibt, reicht über die berufliche Tätigkeit beim MfS hinaus, weil sie Erwartungen kreiert, die nach der Wende nicht mehr befriedigt werden konnten.

Dieser Punkt hat durchaus etwas mit der Darstellungsweise des familiären/sozialen Hintergrundes zu tun. Die statusniedrigen Eltern gelten Müller nicht als identitätsstiftend, lehnen seine MfS-Arbeit sogar ab. Eine entwicklungspsychologisch wichtige und bestätigende Welterfahrung wie „Ich bin richtig, was ich fühle und tue ist in Ordnung" scheint bei Müller nicht vorhanden zu sein. Gefühle und Außenwelt bilden bei Müller keine Einheit. Diesen konfliktreichen Spannungszustand mildert Müller, indem er in der Regel eigene Befindlichkeiten unterdrückt und bemüht ist, zu tun, was von ihm erwartet wird. Mit der Rückstellung eigener Interessen erkauft er sich die Gnade der Annahme und Bestätigung. Dieser bei Müller m.E. auffällige Umstand ist die Wurzel jeden Untertanengeistes und der Außenlenkung des einzelnen und des Sichrichtens nach den Erwartungen der Mächtigen. In einer militärischen Institution wie dem MfS war Müller deshalb gut aufgehoben. Hier wurde seine Unterordnung verläßlich honoriert. Die Unterordnung beschaffte den Liebesersatz, der zusätzlich mit rein äußerlichen Ersatznormen wie Fleiß, Pflichtbewußtsein, Tüchtigkeit, Anständigkeit erlangt wurde. Typischer Ausdruck dieser Unterordnung ist die Selbstdarstellung in der Erleidensform. Ständig heißt es bei Müller „Ich wurde", „Ich mußte", etc. Eine Darstellung wie diese drückt m.E. eine Schuld aus, hinter der – im Sinne der obigen Ausführungen – nichts anderes steckt als: „Ich kann nicht nein sagen; meine eigenen Interessen sind nichts wert; ich kann meine Empfindungen nicht artikulieren; ich will meine eigenen Bedürfnisse nicht wahrhaben". Solange das MfS existierte, brauchte sich Müller allerdings mit diesen Einsichten nicht beschäftigen. Weil er beruflich immer weiterkam, kamen unbequeme Situationen nicht auf. Zudem hat er offensichtlich die MfS-Ordnung sich so sehr zu eigen gemacht (Befehl war nun mal Befehl), daß er sowieso nicht auf den Gedanken kommt, fremdbestimmt im negativen Sinne gewesen zu sein.

Allerdings möchte ich mich davor hüten, Müller ausschließlich als emotional zu kurz Gekommenen darzustellen, als jemand, der litt und aus purer Ich-Schwäche heraus, sich hochdienen mußte, um Bestätigung, die er aus sich heraus nicht empfand, zu bekommen. Dies ist zwar ein wichtiger Punkt seiner Selbstdarstellung und die dargelegten psychologischen Hintergründe halte ich bei Müller für plausibel. Andererseits muß man berücksichtigen, daß Müller zuletzt fast 400 Mitarbeiter hatte, für die er zuständig war. Somit konnte er mitnichten nur ein zurückhaltender, ausschließlich zu seinen Vorgesetzten hochblickender Mensch gewesen sein. Er mußte führen und befehlen, Härte und Autorität zeigen. Ein Aspekt, den er an seiner Arbeit sehr wohl genoß. Das kommt mehrmals in seinem Bericht zum Vorschein. Dennoch glaube ich nicht, daß Müllers „erleidende" Darstellung nur ein rhetorisches Mittel ist, um den Eindruck zu vermitteln, er sei ganz harmlos und unwichtig gewesen. Dieser Schutz spielt eine Rolle. Aber die Eigenart des militärisch organisierten MfS hilft zu erklären, daß Unterordnung dennoch ein eminent wichtiger Zug von Müller gewesen sein muß. Gerade die Tatsache, daß er eine so steile Karriere beim MfS hatte beweist, daß er sich unterordnen konnte, sonst wäre er gar nicht so weit gekommen.

Die Charakterisierung als „bedürftiger Karrierist" erscheint mir deshalb sehr zutreffend. Bedürftig, weil Müller einen klaren, ihn leitenden Rahmen bei seiner Arbeit brauchte; ein Karrierist, weil er dennoch seine eigenen Ziele verfolgte, eben seine eigene Karriere.

Dieses Selbstverständnis bricht mit der Wende zusammen. Die vertraute Ordnung droht sich aufzulösen. Typisch ist in diesem Kontext die Szene, als sich Müller mit einer Truppe nach Bad Schandau absetzt. Hätte Müller jahrelang nur widerwillig katzbuckelnd seine eigene Karriere verfolgt, wäre das der Moment gewesen, groß rauszukommen. Aber bei Müller ist dieser Schritt kein Befreiungsschlag. Es erfüllt ihn mit Stolz diese Situation ohne Anleitung und Kontrolle gemeistert zu haben, aber verunsichert hat sie ihn genauso. Er muß deshalb nach Argumenten suchen, die seinen Alleingang, sich abzusetzen, legitimieren.

Schließlich fällt das wichtigste Instrument zur psychischen Stabilität, das bislang auch immer eine biographische Kontinuität versprach, weg: Müller wird in den Vorruhestand versetzt, und als diese Regelung aufgehoben wird, folgt die Arbeitslosigkeit. Er wird nicht mehr gebraucht. Er wird abgelehnt. Zusätzlich wird er mit Abzügen bei den Sozialleistungen bestraft. Arbeitslosigkeit ist zwar für jeden Menschen eine Belastung, aber bei Müller scheint dieser Umstand aufgrund seiner Fixierung auf den Beruf, besonders fatal zu sein. Selbst seine Anbiederungen an die neue Ordnung bleiben ungehört. Die bisher eingeübten Strategien zur Harmonisierung der Innen- und Außenwelt zeigen keine Wirkung mehr, weil das Stasi-Stigma in der neuen Ordnung eine Integration sehr schwer macht – jedenfalls für die, die es wie Müller nicht verstanden haben, daß neue System für sich zu nutzen. Müller wartet noch auf Befehle. Und das verurteilt ihn, neben seinem Alter und seiner MfS-Tätigkeit, zum Wendeverlierer. In dieser Situation bleibt ihm nur noch, rückblickend resigniert festzustellen, daß er zur Wendezeit doch auch schon *„im Interesse der damals zu erwartenden BRD"* gehandelt habe. Es ist erstaunlich, daß ein ranghoher MfS-Offizier seine Tätigkeit damit aufzuwerten versucht, indem er darlegt, vorauseilend schon im Interesse der neuen Ordnung gehandelt zu haben, wo er doch Repräsentant der alten Ordnung war und – wie er berichtet – die BRD als Gegner ansah.

Er versucht also alte Handlungsmuster (Anpassung gegen Anerkennung) aufrechtzuerhalten, scheitert jedoch. Eine schwierige Situation, die Müller krank macht. Nach dieser Krisenerfahrung ist er aber realistisch genug, einzusehen, daß das so ist, daß er also neue Denk- und Handlungsmuster aufbauen muß. Dies ist eine notwendige selbsterhaltende, pragmatische Lösung, die ihm erlaubt, sich erstmalig als Persönlichkeit mit eigenen Interessen und Emotionen wahrzunehmen. Wenn ich davon spreche, daß Müller sich erstmals als Persönlichkeit wahrnehmen kann, ist das allerdings eine zu sehr meinem eigenen Empfinden geschuldete positive Feststellung, denn Müller scheint diesen Umstand als etwas Bedrohliches wahrzunehmen. Aber der Bedrohlichkeit, der er durch den Verlust alter Muster ausgesetzt ist, begegnet er durch neue Lebensrelevanzen wie Spaß oder Wissenserweiterung. Diese Werte wirken bei Müller allerdings fremd und notgedrungen und bleiben mehr eine Art Pseudosinnstiftung, als daß sie vorherige Befriedigungsmittel (Bestätigung durch Arbeit) wirklich ablösen könnten.

Der Erfahrung der Ablehnung, die sich am deutlichsten für Müller auf der beruflichen Ebene festmachen läßt durch seine Arbeitslosigkeit, begegnet er nicht nur mit einer vordergründigen Verschiebung seiner Interessen. Auch der Glaube an seine Normalität spielt eine hervorragende Rolle im Hinblick auf den Umgang mit der sozialen Ablehnung. Dieser Normalitätsglaube zieht sich durch die gesamte Selbstpräsentation, so deutlich, daß er genau das Gegenteil damit ausdrückt. Jeder biographische Schritt wird in seiner Bedeutung als normal deklariert. Er ging zur SED, zum MfS wie das eben so war damals. Er will damit kommunizieren, daß er nichts Schlimmes, gesellschaftlich Abweichendes getan hat. Eine Überzeugung, die man durchaus verstehen kann, denn zur DDR-Zeit entsprach seine Lebensführung und seine Tätigkeit den Erwartungen dieses Staates.

Die gleiche Funktion wie der Normalitätsglaube erfüllt die Darstellung der Nicht-Verantwortlichkeit für die kontrovers diskutierten Stasi-Machenschaften. Diese Nicht-Verantwortlichkeit konstruiert Müller durch drei Aspekte:

a) durch die Betonung immer nur getan zu haben, was andere befohlen haben (dieser Aspekt hat also eine Doppelfunktion – Erheischen der Gnade der Mächtigen damals; heute Entlastung, weil man sich nicht selber als Gestalter fühlen muß)

b) durch die Betonung, daß die Paßkontrolle innerhalb des MfS immer eine Sonderrolle gespielt hat und nie so integriert war in die geheimdienstlichen Aktivitäten

c) durch die Betonung, nie in operative Vorgänge verwickelt gewesen zu sein.

Doch trotz dieser Entschuldigungsmuster wird ihm keine Gnade zuteil. Er fühlt sich, wie er sagt, nicht in die neue Ordnung integriert.

Was Müller bleibt ist seinerseits die heutige Ordnung abzulehnen. Damit dreht er gewissermaßen die von ihm erfahrene Stigmatisierung um. Nicht er ist schlecht, sondern die Gesellschaft. Dieser Punkt spricht für eine gewachsene, aber auch erzwungene Ich-Stärke. Müller geht davon aus, daß irgendwann eine andere Gesellschaft entstehen wird, die die jetzige marktwirtschaftlich Organisierte ablösen wird. Diese Abwendung von der neuen Ordnung spricht für eine Enttäuschung, drückt aber ebenso eine Hoffnung aus, irgendwann in einer Gesellschaft zu leben, die ihn anerkennt und die ihm weniger Leistungen hinsichtlich seiner Positionierung in dieser Gesellschaft abverlangt.

Zusammenfassend läßt sich sagen, daß Müller ein strebsamer Untertan ist, ein bedürftiger Karrierist, der beruflichen Erfolg zur Selbstbestätigung mit klaren Leitlinien braucht. Er ist nach der Wende nicht gebrochen, aber er leidet unter der sozialen Ablehnung, die er als ungerecht empfindet. Weil ihm die Integration in die neue Ordnung verwehrt wird, bleiben ihm nur der Glaube an die eigene Normalität, die Nichtverantwortlichkeit für das DDR-System und der Glaube an eine neue Gesellschaft, die seine Rehabilitation zuläßt und die diejenigen, die ihn heute ablehnen, eines Besseren belehren wird.

Mit den vorhergehenden Äußerungen habe ich versucht, eine Typisierung Müllers zu konstruieren. Seiner erzählten Lebensgeschichte ist dabei eine Bedeutung zugewiesen worden, die, so sehr sie ermöglicht Müller zu klassifizieren und die sinnstiftenden Strukturen seiner biographischen Erzählung zu filtrieren, in vielen Punkten fragwürdig ist. Fragwürdig deshalb, weil ich mir nicht im Klaren bin, welche Realität Müller mit seiner Erzählung darstellt und ich mir genauso unsicher bin, inwieweit Müller so ist wie ich ihn sehe. Beides, also die Selbstdarstellung Müllers und die von mir vorgenommenen Bedeutungszuweisungen seiner Handlungen, sind soziale, zeit- und situationsabhängige Konstruktionen. Insofern muß ich mich fragen, welche Aussagekraft dann eine solche Untersuchung haben kann. Sie sagt etwas über die Abhängigkeit eines Individuums von der Gesellschaft aus und die Art und Weise wie Müller versucht, Strategien der Krisenbewältigung aufzubauen. Oder wie er mit seiner Stigmatisierung umgeht. Sie sagt auch etwas über die Formung eines Menschen durch bestimmte Umstände, einen bestimmten Staat, die DDR, einen bestimmten Arbeitgeber, das MfS, aus. Oder über das Unverständnis der Westdeutschen über ostdeutsche Biographien. Aber selbst diese Aussagen sind zu allgemein, weil die vorhergehenden Ergebnisse letztlich nur Aussagen über zwei Personen zulassen, nämlich Otto Müller und mich.

Mit der Festlegung meines Erkenntnisgewinns sollte ich deshalb vorsichtig sein, weil mir die Verallgemeinerung dieses einen Falles schwerfällt. Insofern stelle ich schwerwiegende Überlegungen hinsichtlich der Relevanz meiner Ergebnisse hinten an und kann für mich zumindest festhalten, mir eine Methodik zur Auswertung eines biographischen Interviews erarbeitet zu haben und erreicht zu haben, die Biographie Otto Müllers zu verstehen.

9. Quellen- und Literaturverzeichnis

Atkinson, Robert, The Life Story Interview, London 1998 (=Qualitative Research Methods Vol. 44)

Bürgerkommitee Bautzner Straße e.V. (Hg.), MfS-Bezirksverwaltung Dresden, Dresden 1992

Fischer-Rosenthal, Wolfram/Rosenthal, Gabriele, Narrationsanalyse biographischer Selbstpräsentationen, in: Hitzler, Ronald et al., Sozailwissenschaftliche Hermeneutik. Eine Einführung, Opladen 1997

Fricke, Karl W., MfS intern. Macht, Strukturen, Auflösung der DDR-Staatsicherheit, Köln 1991

Gauck, Joachim et al., Wahrheit und Gerechtigkeit. Taten und Folgen der SED-Diktatur, St. Augustin 1994

Gieseke, Jens, Die hauptamtlichen Mitarbeiter des Ministeriums für Staatssicherheit, Berlin 1995

Schroeder, Klaus, Der SED-Staat. Geschichte und Strukturen der DDR, München 1998

Weber, Jürgen (Hg.), Der SED-Staat. Neues über eine vergangene Diktatur, München 1994

Die Staatssicherheit der DDR. Die Überlebensform der SED?

Christin Wolf

2008

1. Einleitung

„Vertrauen ist gut, Kontrolle ist besser" (vgl. FRIEDRICH-EBERT-STIFTUNG 1984, S. 5).[150] Dieser kommunistische Leitspruch implizierte das Motto der Deutschen Demokratischen Republik. Nichts hat je besser und zuverlässiger funktioniert als das Organ des Ministerrates der DDR, das Ministerium für Staatssicherheit[151]. Letzteres praktizierte die absolute Beobachtung jedes einzelnen Bürgers, um Gegner des Systems auszuschalten und die Macht zu erhalten. War der Staatssicherheitsdienst die Überlebensbasis der SED? Diese Frage möchte ich zum Anliegen meiner Hausarbeit nehmen und Einflussfaktoren wie Strategien von differenzierten Seiten beleuchten.

Noch heute beschäftigt sich die Forschung als auch Privatpersonen intensiv mit diesem Thema. Akten werden aufgearbeitet, sortiert und zur Einsicht freigegeben. Somit ist eine Vergangenheitsaufarbeitung seitens der Opfer möglich, als auch eine Aufarbeitung der Deutschen Geschichte, vor allem einer „grauen Seite" der Geschichte. Des Weiteren leben noch viele Menschen mit den psychischen Folgen aus der Zeit der Staatssicherheit und kämpfen gedanklich mit der Verarbeitung dieses Gedankenguts. Dabei stellt es keinen nennenswerten Unterschied dar, ob es sich um ehemalige inoffizielle Mitarbeiter oder Opfer handelt.

Die Staatssicherheit der DDR umfasst ein sehr weitreichendes Thema. Fakt ist, dass sehr viele Menschen diese Form der Kontrolle kennen, sich der detaillierten Hintergründe jedoch nicht bewusst sind. Einige Möglichkeiten zur Information für den Bürger sind Ausstellungen und Museen zu besuchen. Im Fall Betroffener

---

[150] Dieser Spruch stammt von Wladimir Iljitsch Lenin, welcher am 22. April 1870 in Simbirsk geboren wurde. Er war Begründer der KPdSU und des Sowjetstaates. Lenin gilt nach wie vor als der Haupttheoretiker des Kommunismus. Am 21. Januar 1924 starb er an einen Schlaganfall in Moskau (vgl. MICROSOFT 2005, pass.).

[151] Der Terminus der Staatssicherheit wurde vorwiegend innerhalb der DDR verwendet. Die BRD betitelte selbiges Instrument als Staatssicherheitsdienst. Ich verwende in dieser Arbeit ersteren Begriff, da sich das Instrument selbst so bezeichnete.

besteht heutzutage die Gelegenheit, in die eigene Akte Einblick zu erlangen. Ebenso befassen sich Filmproduzenten und Belletristiker intensiv mit dem Thema Staatssicherheit.[152] Ich möchte mit dieser Arbeit einen Überblick über die gesamte thematische Einheit als auch deren kontextueller Einordnung geben. Ein für mich sehr entscheidender Punkt zu diesem Gebiet war die Ausstellung „Staatssicherheit der DDR – Garant der SED Diktatur" in Hamburg, sowie das Interview mit den Betroffenen Berta Maier als auch Petra und Max Müller, welche die Kontrolle der Staatssicherheit erfahren hatten.[153] Sowohl die besuchte Ausstellung als auch die geführten Gespräche zeigten interessante Aspekte auf. Die Staatsicherheit betraf fast jeden Bürger. Die Vorgehensweisen des Staatssicherheitsdienstes sind sehr geschickt und komplex. Meine Arbeit umfasst die wichtigsten Punkte zu dieser Thematik.

Um zum Thema hinzuführen, werde ich im ersten Punkt die Geschichte der DDR darstellen, welche als Hintergrundwissen notwendig ist, um die Thematik in den Gesamtzusammenhang einzuordnen. Danach komme ich im zweiten Punkt zu meinem eigentlichen Thema dieser Hausarbeit. Ich werde über die Gründung und die Geschichte des Staatssicherheitsdienstes berichten sowie auf den politischen Hintergrund eingehen. In einem weiteren Punkt thematisiere ich die Mitglieder, speziell deren Rekrutierung und die Differenzierung nach offiziellen und inoffiziellen Mitarbeitern. Im darauf folgenden Kapitel zu den Aufgaben und Methoden wird die Arbeit der Staatssicherheit dargestellt, welche

---

[152] Der Film „Das Leben der anderen" aus dem Jahre 2006 zeigt viele Eindrücke über Arbeitsweisen und Methoden des MfS auf. Die Verfilmung handelt von der Bespitzelung eines Theaterschriftstellers welcher einen Artikel über ungewöhnlich hohe Selbstmordraten in der DDR verfasst und diesen im „Spiegel" veröffentlicht. Unter anderem dargestellt sind Methoden wie, Telefonüberwachung, Wanzenanbringung und Postkontrolle. Ebenso werden Intrigen, Werbung von inoffiziellen Mitarbeitern und deren Vorgehensweisen genau aufgezeigt.
[153] Die Namen wurden aus Diskretionsgründen geändert. Eine Zustimmung zur Aufzeichnung des Interviews wurde negiert. Aus diesem Grund stehen mir lediglich geringe Mitschriften während des Interviews und resümierende Aufzeichnungen danach zur Verfügung.

oftmals unmenschliche Methoden implizierte. In meiner Bewertung gehe ich auf den allgemeinen Forschungsstand ein und reflektiere kritische Fakten über die Mitarbeiter als auch der heutigen Verarbeitung der damaligen Spionagearbeit als einen Teil der Geschichte Deutschlands. In einem abschließenden Fazit möchte ich meine Arbeit abrunden, noch einmal auf die wichtigsten Punkte hinweisen und meine eigene Sichtweise zur Thematik einbringen.

2. Die Geschichte der DDR[154]

Die Deutsche Demokratische Republik wurde am 07. Oktober 1949 auf dem Gebiet der sowjetischen Besatzungszone gegründet. Dies war der Beginn einer 40-jährigen Epoche deutscher Zweistaatlichkeit. Die Hauptstadt der DDR implizierte Berlin, welche in vier Besatzungszonen der Alliierten[155] aufgeteilt wurde. Es konstituierte sich der zweite deutsche Volksrat, welcher die provisorische deutsche Volkskammer bildete und eine gesamtdeutsch konzipierte parlamentarisch demokratische Verfassung annahm. Die politische Führung übernahm die SED[156]. Staatspräsident Wilhelm Pieck[157] und Ministerpräsident Otto Grotewohl[158] markierten die Spitze der Politik (vgl.

---

[154] Dieses Kapitel dient lediglich dem Überblick der Gesamtsituation. Entsprechende historische Fakten sind für das spätere Verständnis der Maßnahmen des Staatssicherheitsdienstes notwendig.

[155] Nach Ende des zweiten Weltkrieges 1945 wurde Deutschland und seine Hauptstadt Berlin in vier Besatzungszonen aufgeteilt. Die Alliierten erhielten jeweils eine Besatzungszone in Deutschland und eine in Berlin.

[156] Die Sozialistische Einheitspartei Deutschlands (SED) wurde 1946 gegründet und ist eine Vereinigung der KPD und der SPD.

[157] Wilhelm Pieck lebte vom 3. Januar 1876 bis 07. September 1960. Ab 1949 war er Präsident der DDR, auf die Politik hatte er jedoch nur noch geringen Einfluss (MIRCROSOFT 2005, pass.).

[158] Otto Grotewohl kam am 11. März 1894 in Braunschweig zur Welt. Mit Wilhelm Pieck leitete er gemeinsam die SED bis 1954. Von 1949- 1964 war er Ministerpräsident der DDR. Grotewohl starb am 21. September 1964 in Ostberlin (vgl. MICROSOFT 2005, pass.).

WEBER 1982 S. 37f.). 1950 wurde Walter Ulbricht[159] Generalsekretär der SED und blieb dies bis 1971. Am 08. Februar des gleichen Jahres wurde die Staatssicherheit der DDR initiiert (vgl. Punkt 3.1).

Die Sowjetunion war zunächst bemüht, die DDR an das zentralkommunistische System anzugleichen. Damit wollte sie die Chance auf eine politisch neutral und sowjetisch dominierte deutsche Einheit nicht verspielen. Dies änderte sich 1952, als Konrad Adenauer die Regierungsgeschäfte der Bundesrepublik übernahm. In der DDR folgte eine Verstaatlichung der Betriebe und eine Kollektivierung[160] der Landwirtschaft. Im weiteren Verlauf kam es in Ost-Berlin am 17. Juni 1953 zu Demonstrationen.[161] Die Massenkundgebungen verbreiteten sich in weiten Teilen des Landes. Sie evozierten sich teilweise zu umfangreichen Aufständen gegen die Politik der SED. Sowjetische Truppen, welche in der DDR stationiert waren, schlugen die Arbeiteraufstände militärisch nieder. Zahlreiche Todesopfer waren in diesem Zusammenhang zu verzeichnen (vgl. WEBER 1981, S. 42).

Das System der Planwirtschaft entwickelte sich schleppend. Als Grund hierfür gelten die umfangreichen Reparationszahlungen[162] an die Sowjetunion. Ebenso verzichtete der Staat auf die finanziellen Unterstützungen des Marshallplans zum Wiederaufbau Europas. Dieser implizierte einen Kredit der Vereinigten

---

[159] Walter Ulbricht wurde am 30. Juni 1893 in Leipzig geboren. 1912 wurde er Mitglied der SPD und ist seit 1920 in der Bezirksleitung Mitteldeutschland tätig gewesen. 1923 wurde er in die Zentrale der KPD gewählt. Mitglied der SED war er ab 1946 und von 1950 bis 1953 Generalsekretär. Erster Sekretär des Zentralkomitees der SED war er ab 1971. Ulbricht starb am 01. August 1973 (vgl. WEBER, 1982, S. 177f.).

[160] In Folge der Verstaatlichung entstanden Volkseigene Betriebe. Private Produktionsmittel wurden in gemeinschaftliches Eigentum überführt. Die Entstehung führt bis ins Jahr 1928/1929 zurück. Unter Stalin entstand die Zwangskollektivierung der Landwirtschaft der Sowjetunion (vgl. MICROSOFT 2005, pass.).

[161] Das MfS nannte folgende Ursachen für die Aufstände: 1. Die wirtschaftliche Lage sowie viele Maßnahmen der Regierung lösten große Unzufriedenheit aus. 2. Eine Bewusste Gegnerschaft gegen die DDR unter Ausnutzung berechtigter Unzufriedenheit und 3. offene bezahlte Feinde, Provokateure, Banditen und Agenten (vgl. STARITZ 1996, S. 123).

[162] Die Siegermächte wurden von der besiegten Seite für entstandene Kriegsschäden und – kosten entschädigt. (vgl. MICROSOFT 2005, pass.)

Staaten zur schnellen wirtschaftlichen Genesung. Mit der Ablehnung dessen verfolgte die Sowjetunion die Demonstration der eigenen Leistungsfähigkeit. Sie fürchteten in diesem Zusammenhang eine mögliche Abhängigkeit von den westlichen, kapitalistischen Systemen und versuchten zu verhindern, dass der Westen zu viele Einblicke in das eigene System erhielt. Weitere Aspekte sind die Kollektivierung als auch die zunehmende Enteignung der Betriebe und Mängel der Wirtschaft.

Das Wirtschaftsgefälle stellt einen der Gründe dar, warum erste Menschen schon ab 1945 in den Westen Deutschlands flohen. Desgleichen spielten Furcht vor Repressionen[163] und Willkürmaßnahmen seitens der sowjetischen Besatzungsmacht eine große Rolle. Viele Freiheiten wurden eingeschränkt, wie exemplarisch die Wahl des Urlaubsortes außerhalb des Territoriums der DDR. Seit ihrer Gründung 1949 bis 1961 verließen ca. 2,6 Millionen Menschen die DDR. Wirtschaftlich bedeuteten diese Abwanderungen eine große Bedrohung, denn viele junge, gut ausgebildete Menschen verließen die DDR. Der Fluchweg verlief an erster Stelle über Berlin. Die Sektorgrenzen in der Hauptstadt wurden im Gegensatz zur innerdeutschen Grenze der DDR zur BRD kaum überwacht. Dort kamen Sperranlagen, Selbstschussanlagen sowie Minensperren ab dem 13. August 1961 zum Einsatz gegen Republikflüchtlinge. Zum Symbol deutscher und europäischer Teilung wurde ab dem selbigen Tag der „antifaschistische Schutzwall", die Berliner Mauer, errichtet. Viele Menschen verloren bei dem Versuch, die Mauer zu überwinden, ihr Leben. (vgl. STARITZ 1996, S. 190ff.).

Unter der Bundesregierung von Willy Brandt, welcher 1969 Bundeskanzler der BRD wurde, kam es 1970 zum Erfurter Gipfeltreffen. Hier erfolgte erstmals eine Annäherung zwischen BRD und DDR. Deutschland ist ein Volk und lebt lediglich in zwei Staaten. Dieses Faktum wurde der politischen Führung der

---

[163] Der Terminus „Repression" impliziert die Unterdrückung durch die ausgeübte politische Gewalt.

DDR bewusst, wodurch sie ihren Alleinvertretungsanspruch aufgab (vgl. NAKATH 1995 S. 19f.). In Folge dessen traten die beiden Staaten 1973 der UNO[164] bei. Erich Honecker wurde, nach dem unfreiwilligen Rücktritt Walter Ulbrichts 1971, erster Sekretär der SED und Vorsitzender des Verteidigungsrates[165] (vgl. NAKATH 1995 S. 24f.).

Am 14. Februar 1990 kamen in Ottawa, Kanada, die Außenminister der BRD und DDR zusammen, um über die Inhalte des „Zwei-plus-vier"-Vertrag[166] zu debattieren. Unter anderem wurden die äußeren Aspekte zur Herstellung der Deutschen Einheit besprochen. Demnach herrschte Übereinstimmung über das Recht der Deutschen, eigenständig über ihre Vereinigung zu entscheiden. Nach einigen gescheiterten Debatten über die künftige bündnispolitische Einordnung Gesamtdeutschlands erfolgte 1990 der Durchbruch mit dem Besuch Helmut Kohls[167] in der Sowjetunion. Es wurde beschlossen, dass Deutschland nach seiner Vereinigung volle Souveränität sowie das Recht erhalten sollte, frei über eigene Bündniszugehörigkeiten zu entscheiden. Die Sowjetunion gab folglich den Widerstand gegen Deutschland in der Nato auf. Die Probleme für eine Wiedervereinigung waren gelöst (vgl. KORTE 2007, S. 80).

---

[164] Die United Nations Organization wurde am 26. Juni 1945 von 50 Mitgliedsstaaten mit der Unterzeichnung Atlantic Charta auf der Konferenz von Jalta, gegründet. Diese verpflichteten sich zu gemeinsamen Zielen und Prinzipien. Die Aufgaben der UNO liegen unter anderem in der Erhaltung des Weltfriedens, Förderung internationaler Zusammenarbeit, sowie wirtschaftlicher und sozialer Entwicklung. Der Hauptsitz befindet sich in New York und Generalsekretär ist Ban Ki-moon. Die UNO zählt bis heute 192 Mitgliedsstaaten (vgl. Microsoft 2005, pass.).

[165] Der Nationale Verteidigungsrat ist am 10. Februar 1960 aus der Sicherheitskommission des Zentralkomitees der SED per Gesetz hervorgegangen. Er verkörperte ein hochrangig besetztes Staatsorgan, welches für die zentrale Leitung der Verteidigungs- und Sicherheitsmaßnahmen verantwortlich war (vgl. Microsoft 2005, pass.).

[166] Der „Zwei-Plus-Vier"-Vertrag trug die offizielle Bezeichnung „Vertrag über die abschließende Regelung in Bezug auf Deutschland". Er wurde von den Außenministern der vier Besatzungsmächte sowie der Außenminister der BRD und DDR am 12. September 1990 in Moskau unterzeichnet. Er regelte neben der Herstellung der Deutschen Einheit auch die Frage der Sicherheit der Nachbarstaaten (vgl. MICROSOFT 2005 pass.).

[167] Helmuth Kohl begleitete von 1982 bis 1998 als sechster das Amt des Bundeskanzlers der BRD.

Den Grundstein für die Einheit Deutschlands legte die Mehrheit der etwa 16 Millionen Bürger der DDR. Die Fluchtversuche der DDR- Bürger in den Westen Deutschlands nahmen im Sommer und Herbst 1989 exorbitant zu. Die Menschen flohen über Ungarn, welches am 2. Mai 1989 die Grenzen zu Österreich öffnete. Ungarn gestattete ab dem 11. September 1989 auch DDR-Bürgern offiziell die Ausreise nach Österreich, sowie die deutsche Botschaft in ostmitteleuropäischen Staaten. Die DDR destabilisierte sich zunehmend von innen.

Der Druck der öffentlichen Proteste nahm zu. Dies führte zum Rücktritt Erich Honeckers am 19. Oktober 1989. Wenige Tage später folgte die gesamte DDR Regierung. Am 9. November 1989 kam es zur Öffnung der Berliner Mauer und zum Ende der DDR.

3. Staatssicherheit

Der Staatssicherheitsdienst[168], in seinem eigenen Jargon Staatssicherheit oder im Volksmund Stasi, implizierte die „[...] Waffe gegen alle Feinde des Friedens und der Arbeiter- und Bauern-Macht und für die Sicherung des sozialen Aufbaus" (vgl. BUNDESMINISTERIUM FÜR GESAMTDEUTSCHE FRAGEN 1962, S. 11). Die Staatssicherheit war nach zentralistischen und militärischen Grundsätzen organisiert. Geleitet wurde sie durch das Ministerium für Staatssicherheit (MfS), dessen Hauptsitz sich in Berlin befand. Das herausragende Machtinstrument der SED, wie sich das MfS selbst bezeichnete, war ein System der absoluten Kontrolle, welches innerhalb der DDR wuchs und sich außerhalb der Staatsgrenzen in der BRD arrangierte. Von den Bürgern war die Staatssicherheit gefürchtet. Innerhalb der Bevölkerung galt sie als unsichtbarer Kontrollapparat, von dem nicht bewusst war, wer für ihn arbeitet,

---

[168] In Westdeutschland wurde der Terminus „Staatssicherheitsdienst" als gebräuchlicher angesehen, während in der DDR nur von Staatssicherheit gesprochen wurde.

wann und wo er in Erscheinung tritt, um mögliche Systemgegner zu entlarven (vgl. FRIEDRICH- EBERT- STIFTUNG 1984, S. 18)

3.1 Gründung und Geschichte

Schon kurz nach Ende des zweiten Weltkrieges wurde in der sowjetisch besetzten Zone eine politische Geheimpolizei, die Tscheka, aufgebaut. Ihr Gründer war Felix E. Dzierzynski[169]. Sie unterstand der Volkspolizei. Das MfS ging aus den Organisationen der „Hauptverwaltung zum Schutz des Volkseigentums" unter der Leitung von Wilhelm Zaisser[170] sowie dem sowjetischen „Ministerium für Inneres und Sicherheit", hervor. Stellvertreter Zaissers wurde Erich Mielke[171].

Das Politbüro der KPdSU legte am 28. Dezember 1948 die Grundlage für eine eigenständige Geheimpolizei der DDR, in dem sie den Beschluss zur Bildung einer „Hauptverwaltung zum Schutz der Volkswirtschaft" fasste. Daraufhin kam es am 24. Januar 1950 zur Gründung des MfS durch das Politbüro der SED. Durch die Regierung der DDR folgte zwei Tage später der „Beschluss über die Abwehr von Sabotage". Die Volkskammer der DDR bestätigte am 08. Februar 1950 das Zustandekommen eines Gesetzes über die

---

[169] Feliks Edmundowitsch Dzerschinskij, eigentlich Dzierzyński genannt, wurde am 11. September 1877 in Minsk geboren. Er war sowjetischer Geheimdienstchef mit polischer Herkunft. Er wurde von Wladimir I. Lenin während der Oktoberrevolution 1917 mit dem Aufbau der Geheimpolizei Tscheka beauftragt. Die Tscheka wurde zum Machtsicherungsapparat gegen den „roten Terror" und gegen die „weißen" Feinde des Bolschewiki. Dzierzyński starb am 20. Juli 1926 in Moskau.

[170] Willhelm Zaisser wurde am 20. Juni 1893 in Rotthausen geboren und begann seine Laufbahn als Offizier in der Kaiserlichen Deutschen Armee. 1918 schloss er sich den Kommunisten an und leitete viele bewaffnete Organisationen der Kommunisten in Deutschland, China und der UdSSR. Er starb am 03. März 1958 in Berlin (vgl. FRIEDRICH- EBERT- STIFTUNG 1984, S.19).

[171] Erich Mielke kam am 28. Dezember 1907 in Berlin zur Welt. Er war von 1936 bis 1939 Teilnehmer des spanischen Bürgerkrieges. Anschließend ging er in die Sowjetunion, da er auf der Flucht war. Anlass war der von ihm und seinem Genosse Erich Ziemer begangene Mord an zwei Polizisten in Berlin bei einem Vergeltungsschlag gegen eine verhasste Polizeieinheit. Er kehrte 1945 nach Deutschland zurück. Am 22. Mai 2000 starb er in Berlin.

Bildung eines MfS. Das Gesetz enthielt lediglich zwei Paragrafen, die Aufgaben und Zuständigkeit des Ministeriums waren nicht definiert. Sie klärten nur die organisatorische Umgestaltung des Ministeriums des Innern. Die interne Gliederungsstruktur, der gesetzliche Auftrag und konkrete Eingriffsbefugnisse wurden nicht geregelt (vgl. NANZKA 2000, S. 10).

Das MfS hatte die Aufgabe, feindliche Agenturen mit spezifischen Hilfsmitteln und Methoden zu zerschlagen, Geheimdienstzentralen zu zersetzen und andere politisch-operative Maßnahmen durchzuführen, um die Zentren des Feindes zu zerstören. Die Verhinderung und Ermittlung von Straftaten standen nicht vordergründig zum Ziel. Es ergab sich eine allumfassende Zuständigkeit des MfS. Die innere Sicherheit war zu gewährleisten sowie Auslandsaufklärungen zu betreiben. Für diese Obliegenheiten waren ihm staatsanwaltschaftliche und polizeiliche Befugnisse, sowie Aufgaben des Strafvollzuges übertragen worden (vgl. NANZKA 2000, S.11).

Mit dem Volksaufstand am 17. Juni 1953 kam es zur Rückstufung des Ministeriums zum Staatssekretariat. Grund dafür war das Scheitern in der Aufklärung und der Unterbindung der Demonstrationen. Während dieser Zeit war das Staatssekretariat für Staatssicherheit dem Innenministerium unterstellt. Am 24. November 1955 erhielt es den Ministerienstatus und somit seine Selbstständigkeit zurück. Ernst Wollweber übernahm die Führung des MfS von 1955 bis 1957 (vgl. NANZKA 2000, S. 12). Wollweber nutze das MfS jedoch nicht nur um die vorgegebenen Aufgaben zu erfüllen, sondern zusätzlich um Ulbricht zu stürzen. Er wollte eine eigene Führung schaffen, in der er entscheidenden Einfluss übernehmen konnte (vgl. FRIEDRICH-EBERT-STIFTUNG 1984, S. 20).

Eine zweite Krise folgte im Jahr 1956 mit dem Volksaufstand in Ungarn[172]. Dieser hatte politische Auswirkungen auf die DDR. Wollweber hatte im Kampf gegen die feindlichen Agenturen in seiner Arbeit versagt. Die Auswertung der Kritik erfolgte am V. Parteitag der SED vom 10. bis 16. Juli 1958. „Die konsequente Durchführung der Aufgaben im Ministerium für Staatssicherheit wurde durch die opportunistischen Auffassungen und das Verhalten des ehemaligen Ministers für Staatssicherheit, Genosse Wollweber, gehemmt. Dadurch, daß [sic] er die Lage [...] und die Tätigkeit des Feindes gegen die Demokratische Republik unterschätzte, gab er für die Arbeit des Ministeriums falsche und schädliche Orientierung" (BERICHT DES ZENTRALKOMITEES AN DEN V. PARTEITAG DER SED, Protokoll der Verhandlungen des V. Parteitages der SED, Ost-Berlin 1959, Bd. 2, S. 1555 nach BUNDESMINISTERIUM FÜR GESAMTDEUTSCHE FRAGEN 1962, S. 20). Nach dem Rücktritt Wollwebers am 01. November 1957 aus gesundheitlichen Gründen übernahm Mielke die Führung des MfS und leitete dieses bis zum Ende am 07. November 1989.

Am 09. Oktober 1989 kam es in Leipzig wieder zu den schon fast traditionellen Montagsdemonstrationen[173]. Dabei kamen etwa 70.000 Bürger zu Protestmärschen um den innerstädtischen Ring zusammen. Die Pläne Honeckers, die Demonstrationen durch Panzer aufzulösen, wurden zerschlagen. An diesem Tag gingen die Staatssicherheit, Einheiten der Geheimpolizei sowie der NVA zusammen gegen die Demonstranten vor. Unter dem Motto „Wir bleiben hier!" wollten Menschen einen friedlichen Umsturz der DDR bewirken. Die Führungsfunktion der SED für das MfS zerfiel im November 1989. Unter

---

[172] Der ungarische Volksaufstand fand im Oktober und November 1956 in Budapest statt. Grund für den Aufstand war die Entstalinisierung. Ebenso sollten politische Gefangene freigelassen und die Zensur abgeschafft werden. Er schlug fehl.
[173] Die Demonstrationen richteten sich gegen das SED-Regime. Ihren Beginn hatten die Montagsdemonstrationen schon im Juni 1989. Ab September wurden sie nach jeden montäglichen Friedensgebeten in der Nikolaikirche zur Regelmäßigkeit.

dem massiven Druck der Demonstrationen fand die Staatssicherheit keinen Weg, um erneut in die Offensive zu gelangen. Ende Oktober richteten sich die Proteste nun auch gezielt gegen die MfS-Dienststellen in den Bezirks- und Kreisstädten[174] (vgl. GIESEKE 2001, S. 204f.).

Das MfS wurde am 17. November 1989 in das Amt für Nationale Sicherheit umgewandelt. Die Leitung sollte Wolfgang Schwanitz, bisheriger Stellvertreter Mielkes, zugetragen werden. Nach dem Bekanntwerden der Vernichtung von Stasi-Akten folgte eine Besetzung der Bezirksstellen des MfS in Erfurt, Leipzig und Rostock durch das neue Amt. Weitere Besetzungen folgten, zuletzt am 15. Januar 1990. An diesem Tag wurde die Zentrale in Berlin besetzt. Die Auflösung des Amtes für Nationale Sicherheit geschah am 14. Dezember 1990 durch den Ministerrat. Damit einher ging der Aufbau eines Nachrichtendienstes. Auf Grund starker Bürgerproteste und dem Beschluss des Ministerrates am 13. Januar 1990 kam es nicht zu einem neuen Verfassungsschutz (vgl. GIESEKE 2001, S. 240).

3.2 SED und MfS

Das MfS war seit seiner Entstehung 1950 ein konstitutives Herrschaftsinstrument der SED. Das „Schild und Schwert" der Partei, so wie es sich selbst bezeichnete. Von Beginn an war das MfS für die SED das Instrument der Durchsetzung und der Sicherung seiner Herrschaft (vgl. FRICKE 1990, S. 1f.). Es bestand Rechenschaftspflicht des Ministeriums gegenüber dem Generalsekretär, dem Nationalen Verteidigungsrat und dem Ministerrat. Über die Zahl der hauptamtlichen und inoffiziellen Mitarbeiter war die politische Führung immer informiert. Die politische Führungsrolle der SED wurde vom MfS nie kritisiert. Ein weiterer Aspekt für das „Schild und Schwert", war die Doppelrolle der Staatssicherheit. Zum einen sollte das Volk überwacht werden,

---

[174] Wie auch in der Runden Ecke am Leipziger Dittrichring, welcher ohnehin an der angestammten Route lagen (vgl. GIESEKE 2001, S. 241).

zum anderen galt es, die Linientreue der Partner zu kontrollieren (vgl. WANITSCHKE 2001, S. 40).

Die Staatssicherheit arbeitete nach drei Prinzipien, um die Macht und den Herrschaftsanspruch der SED durchzusetzen:

a) „Jeder ist ein potentielles Sicherheitsrisiko.
b) Um sicher zu gehen muß [sic] man alles wissen.
c) Sicherheit geht vor Recht"

(vgl. BÜRGERKOMITEE LEIPZIG 1992, S. 53).

Der politische Charakter der MfS in seiner Schutz- und Verteidigungsposition der Partei hatte zur Folge, dass das Ministerium als Instrument der Partei und nicht primär als Staatsorgan galt. Das Ministerium baute seine Aufgaben auf der Grundlage des Programms der SED, der Beschlüsse des Zentralkomitees und dessen Politbüros auf. Erst danach folgten die verfassungsrechtlichen Grundlagen und die Beschlüsse des Ministerrates in der Rangfolge. Auf Grund seiner Struktur hatte das MfS die Möglichkeit, seine Rolle als Machtinstrument auszubauen. Hinzu kam die starke Verbundenheit der In- und Auslandsbereiche. Die politische Führung war der Ansicht, dass die Machtausübung von der Funktionstüchtigkeit der Staatssicheitsdienstorgane dependierten (vgl. WANITSCHKE 2001, S. 40).

Die Ausführungen des Staatssicherheitsdienstes besaßen eine Grundlinie, welche von der SED-Führung festgelegt wurde.[175] Die Auswertungs- und Informationsgruppe des MfS stellten die gewonnen Erkenntnisse regelmäßig den Mitgliedern und Kandidaten des Politbüros der SED sowie einigen Ministern und Staatssekretären zur Verfügung (vgl. NANZKA 2000, S. 17). Hinzu kommt, dass im MfS SED-Mitglieder beschäftigt waren, welche eine eigenständige

---

[175]Die Parteiführung leitete die Aufgaben des MfS von Beschlüssen des zentralen Parteitages ab.

Parteiorganisation erzeugten. Diese Parteiorganisationen hatten das Recht, „[...] die Kontrolle über die Tätigkeit des Apparates[176] [...], bei der Einhaltung der sozialistischen Rechtsnormen auszuüben" (vgl. NANZKA 2000, S. 18). Zu Beginn der eigenständigen Tätigkeit des MfS war die Steuerung durch die SED weniger ausgeprägt und weniger umfassend als in den Folgejahren.

3.3 Mitglieder

Aufgegliedert werden die Mitglieder in hauptamtliche und inoffizielle Mitarbeiter. Unmittelbar vor der Auflösung des MfS waren etwa 91.000 hauptamtliche Mitglieder registriert. Für diese gab es zunächst keine Bestimmungen über die Einstellungsvoraussetzungen. Erst durch Wollweber 1955 kamen einige Vorgaben zur Einstellung[177] in das MfS in Betracht. Eine Mitgliedschaft in der SED war nicht obligatorisch, denn es reichte auch die in der FDJ[178] aus. Der Bewerber sollte fachlich, politisch und moralisch untadelig sein, Verbundenheit mit ihrer Arbeiterklasse, ihrer Partei, der DDR und der Sowjetunion zeigen. Der Bewerber sollte ein Bild aufweisen, was das Potential zu einem guten Mitarbeiter impliziert (vgl. HENKE 1996, S. 12). 1964 und 1969 wurden einige Abänderungen der Bestimmungen vorgenommen. Es reichte demnach nicht mehr aus, nur in der FDJ tätig zu sein, sondern eine Parteimitgliedschaft in der SED wurde notwendig. Die Person sollte sich gleichsam als aktives Mitglied in Massenorganisationen engagieren. Weiterhin zählten eine positive Beurteilung aus dem bisherigen Lebensumfeld, Berufs- und Produktionserfahrung, eine gute Allgemeinbildung und eine militärische

---

[176] Als Apparat hier ist das Ministerium für Staatssicherheit gemeint.

[177] Einstellungsbedingungen waren unter anderem die Aufnahme von Mitgliedern, welche a) aktiv gegen den Faschismus kämpften, b) wegen kommunistischen Tätigkeiten in faschistischen Konzentrationslagern inhaftiert waren, c) aktiv am Aufbau des sozialistischen Systems der DDR teilnahmen oder d) sich am 17. Juni 1953 für die Partei treu und ergeben eingesetzt hatten (vgl. HENKE 1996, S. 12).

[178] Dies bezieht sich auf die Jugendzeit des Kandidaten. Sofern dieser in seiner Jugend die Mitgliedschaft in der FDJ innehatte, erfüllte er auch später die Voraussetzungen für eine Einstellung im MfS.

Grundausbildung zu den Kriterien. Verbot hatten hingegen ehemalige Nationalsozialisten und ehemalige Funktionäre der Hitlerjugend[179]. Personen, welche ein erhöhtes Risikopotential für eine „feindliche" Agententätigkeit[180] aufwiesen, waren ebenso von der Einstellung ausgeschlossen.

Die ersten MfS-Mitglieder stammten noch vor der offiziellen Gründung am 08. Februar 1950 aus der Organisation der Hauptverwaltung beziehungsweise der Landesverwaltung zum Schutz der Volkswirtschaft. Dies waren Angehörigen der politischen Polizei und aus den Zweigen der Volkspolizei, welche als zuverlässig eingeschätzt wurden. Besonderer Wert wurde auch auf ältere SED Mitglieder gelegt, welche Erfahrungen im Kampf gegen die Sozialdemokratie aufwiesen. Frühere Kaderrekrutierungen[181] wurden zwiespältig betrachtet. Zum einen wurden keine fachlichen Ansprüche an die Bewerber gestellt und zum anderen handelte es sich um geheimdienstliche Laien. Absolute Priorität wurde ausschließlich auf politische Zuverlässigkeit und Einsatzbereitschaft gelegt. Innerhalb der Kategorie der hauptamtlichen Mitarbeiter befanden sich überwiegend Berufssoldaten, Offiziere im besonderen Einsatz, Berufsoffiziere des MfS, Soldaten auf Zeit, Unteroffiziere, Angehörige der deutschen Grenz-, Transport-, sowie Bereitschaftspolizei und Zivilbeschäftigte (vgl. HENKE 1996 S. 14ff.).

---

[179] Die Hitlerjugend implizierte eine Jugendorganisation im Dritten Reich, welche differenzierte Suborganisationen wie exemplarisch den Bund Deutscher Mädel (vgl. Microsoft 2005, pass). Ziel war es die Jugend zum Nationalsozialismus zu erziehen.

[180] Hierunter fielen hauptsächlich Personen, welche für längere Zeit in amerikanischer, englischer, französischer oder jugoslawischer Gefangenschaft waren oder in einem dieser Länder eine Schule besucht hatten. Republikflüchtige, Bürger aus westalliierter, militärischer Stellung und ehemalige Angehörige der Geheimen Staatspolizei im Nationalsozialismus hatten ebenso kein Recht auf Einstellung als hauptamtlicher Mitarbeiter (vgl. HENKE 1996, S. 13).

[181] Ein Kader ist eine ausgewählte Gruppe von Personen, welche in Führungspositionen der Partei, des Militärs und der Wirtschaft tätig waren. Die dazugehörige Kaderarbeit umfasst demnach die Heranbildung oder politische Ausbildung von diesen Kadern (vgl. FRIEDRICH- EBERT- STIFTUNG 1988, S. 20).

In Weitaus größerer Zahl waren die inoffiziellen Mitarbeiter des MfS vertreten. Im Laufe der DDR-Geschichte haben circa 600.000 Personen, zumeist Männer, als inoffizielle Mitarbeiter gearbeitet. Diese Personen implizierten die geheime Verbindung zwischen dem MfS und der Gesellschaft, wobei die Hauptlast in der „Auseinandersetzung mit dem Feind" (vgl. MÜLLER-ENBERGS 1996, S. 11) diesen Personen zukam. Informationen zu beschaffen, „Feinde" zu bekämpfen, Mithilfe bei der Durchsetzung der Politik der SED- Führung und logistische Hilfeleistungen waren die Hauptaufgaben der inoffiziellen Mitarbeiter, welche somit in direkter Konfrontation mit der Bevölkerung standen. Ein besonderes Augenmerk lag auf der Informationsbeschaffung und Spionage der Bürger. Wollweber bezeichnete die inoffiziellen Mitarbeiter als Atmungsorgan des MfS. „Ohne diese Atmungsorgane können wir nicht leben und nicht arbeiten", so Wollweber (vgl. MÜLLER-ENBERGS 1996, S. 12). Schwerpunktmäßig wurden die Angestellten dort eingesetzt, wo tatsächliche und vermeintliche Gefahr für die SED bestand oder nach Auffassung der Geheimpolizei von einer solchen ausgegangen werden konnte.

Nicht jedem Bürger war es möglich, als inoffizieller Mitarbeiter eingesetzt zu werden. Für die inoffizielle Arbeit wurden Personen eingesetzt, welche Kenntnisse in der Bearbeitung nachrichtendienstliche Probleme und operativer Vorgänge besaßen. Die Aufgabe, welche der zukünftige Mitarbeiter ausführen sollte, stand meist genau und detailreich bereits vor dessen Rekrutierung fest. Als Charakteristika der Person waren Ehrlichkeit und Zuverlässigkeit definiert. Die Person wurde vor ihrer Einstellung einer verdeckten Prüfung durch einen Führungsoffizier unterzogen. Lebensweg, Leistung, Verhaltensweisen, Einstellungen und Beziehungen wurden in einer umfangreichen Analyse ermittelt. Ziel der konspirativen Verbindung[182] des Führungsoffiziers zum

---

[182] Eine derartige Verbindung impliziert eine der Öffentlichkeit unbekannte Struktur in Unwissenheit des Betroffenen.

Kandidaten war die aktuelle Informationsbeschaffung, ein Vertrauensverhältnis aufzubauen und unmittelbar Einfluss auf die geplante Zusammenarbeit zu nehmen. Sofern sich die Person als geeignet erwies, erfolgte meist ein schriftlicher Vorschlag zur Rekrutierung. Der Vorschlag erfolgte durch den Führungsoffizier an die MfS-Leitung. Im Fall des bestehenden Interesses an einem Kandidaten und Zustimmung zur inoffiziellen Arbeit wurde dies meist schriftlich oder mündlich bekundet. Gleichzeitig erhielt der Mitarbeiter einen Decknamen. Die Rekrutierung erfolge jedoch oftmals auf unfreiwilliger Basis, indem die Kandidaten bedroht oder erpresst wurden. Viele lehnten die Arbeit mit dem MfS ab, da auf Grund der vorangegangen Beobachtungen der Person einige Details aus ihrem Leben bekannt wurden, nahm das MfS diese als psychologisches Druckmittel[183], um die Mitarbeit zu erzwingen.

Das Netz der inoffiziellen Mitarbeiter war aufgegliedert in geheime Informatoren, die geheime Hauptinformatoren, die geheimen Mitarbeiter, die geheimen Mitarbeiter im besonderen Einsatz sowie die Inhaber konspirativer Wohnungen (vgl. Abb. 1).

---

[183] Ein Beispiel hierfür ist das auf der Beziehungsbasis und dem Eheleben einer Person aufgebaut wurde. Wurde beispielsweise ein Mann beim Betrügen seiner Ehefrau beobachtet, drohte das MfS ihm, seiner Frau von der Affäre zu berichten, sofern er nicht bereit ist für das MfS zu arbeiten. In anderen Fällen wurde von Haftstrafen abgesehen, wenn sich der Angeklagte zu einer Spionagetätigkeit bereit erklärte.

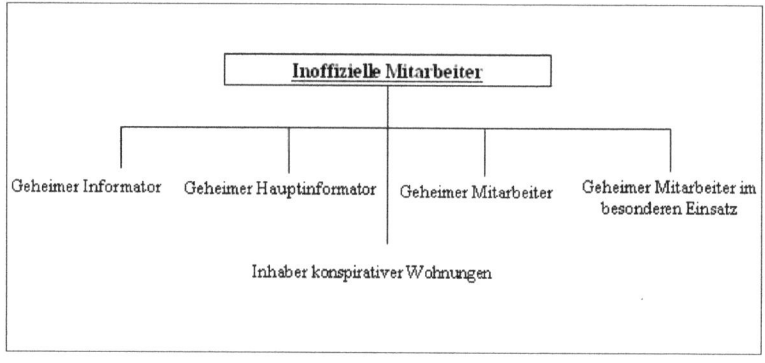

Abbildung 1: Netz der inoffiziellen Mitarbeiter (Quelle: Eigene Erstellung)

Geheime Informatoren waren Personen, welche in der Lage waren, den Organen des MfS die notwendigen und interessanten Angaben zu beschaffen. Derartige Mitarbeiter sollten Eigenschaften wie Ehrlichkeit, Aufrichtigkeit, Entschlossenheit, Mut, Ausdauer sowie die nützliche Eigeninitiative bei der Erfüllung ihrer Aufgaben aufweisen. Geheime Informatoren wurden hauptsächlich eingesetzt für die Sicherung wichtiger Objekte, wie Gebäude, der Feststellung von Anzeichen feindlicher Tätigkeiten und dem Einsatz bei der Aufklärung und Verhinderung von Republikfluchten (vgl. MÜLLER-ENBERGS 1996, S. 199ff.).

Personen, welche eine besondere Zuverlässigkeit und Qualifikation bewiesen hatten, wurden als geheime Hauptinformatoren eingesetzt. Sie waren auf Grund ihrer beruflichen und politischen Stellung in der Lage, konspirative Verbindungen zu mehreren geheimen Informanten aufrechtzuerhalten. Durch die geheimen Hauptinformanten konnte das Netz inoffizieller Mitarbeiter erweitert, qualifiziert und konspirative Zusammenhänge gewährleistet werden. Die Aufgabe der geheimen Hauptinformatoren war die Anleitung der geheimen Informatoren.

Geheime Mitarbeiter hatten die Möglichkeit, durch ihre Eigenschaften und Verbindungen in bestimmte Personenkreise oder Dienststellen einzudringen. Oftmals gelang ihnen dies durch spezielle Ereignisse in ihrer Vergangenheit, durch ihre Herkunft, interessante Verbindungen oder Kenntnisse auf dem technischen oder wissenschaftlichen Gebiet.

Geheime Mitarbeiter im besonderen Einsatz waren Mitarbeiter, die auf Grund ihrer besonderen Fähigkeiten und Erfahrungen in der Lage waren, von Zeit zu Zeit in anderen Kreisen und Bezirken wichtige Aufträge auszuführen. Dabei handelte es sich um Aufgaben, welche von den Mitarbeitern der örtlichen Organe nicht gelöst werden konnten. Für eine solche Tätigkeit geeignet waren Rentner, Verkaufsvertreter, ehemalige Detektive oder Freiberufler. Diese Personengruppen besaßen neben den notwendigen Kompetenzen die nötige Flexibilität, da sie zeitlich durch ihren Beruf kaum gebunden waren.

Der letzte Punkt aus Abbildung 1 umfasst die Inhaber konspirativer Wohnungen. Hier ist zu unterscheiden in:

a) Wohnsitze[184] einer vom MfS geworbenen Person. Diese Objekte standen ausschließlich den Organen des MfS zur Durchführung operativer Aufgaben zur Verfügung.

b) konspirative Treffzimmer, einer vom MfS geworbenen und überprüften Person, welche ein Zimmer in ihrer Wohnung dem MfS zur Durchführung von Treffen zur Verfügung stellte.

Hier trafen sich die inoffiziellen Mitarbeiter. Bedeutend waren diese Objekte in der Hinsicht, dass die inoffiziellen Mitarbeiter politisch und fachlich erzogen wurden, eine ordnungsmäßige Aufgabenerteilung erhielten und Berichterstattung leisteten. Ebenso wurden in einer konspirativen Wohnung

---

[184] Damit verbunden waren Durchschnittswohnungen mit mehreren Zimmern oder Eigentumshäuser.

persönliche Gespräche geführt, um so das Vertrauen der Mitarbeiter zu den Organen des MfS zu festigen. Der Wohnungsinhaber musste eine politisch zuverlässige und überprüfte Person sein. Bestehende Haftstrafen aus der Familie des Inhabers implizierten ein Contra. Ebenso sollte in der Umgebung und Nachbarschaft der Wohnung keine Personen operativ bearbeitet werden (vgl. MÜLLER-ENBERGS 1996, S. 202ff.).

3.4 Arbeitsweisen und Methoden

Um Kontrolle und Macht über den Bürger zu besitzen, wurden vielfältige Methoden eingesetzt, welche der Informationsgewinnung dienten (vgl. Abbildung 2). Fünf dieser Methoden möchte ich im Laufe des nächsten Abschnittes erläutern, wobei ich mich auf die am häufigsten angewandten beschränke:

a) Beobachtung,

b) Telefonüberwachung,

c) Postkontrolle,

d) Schriftenfandung und

e) Geruchsproben.

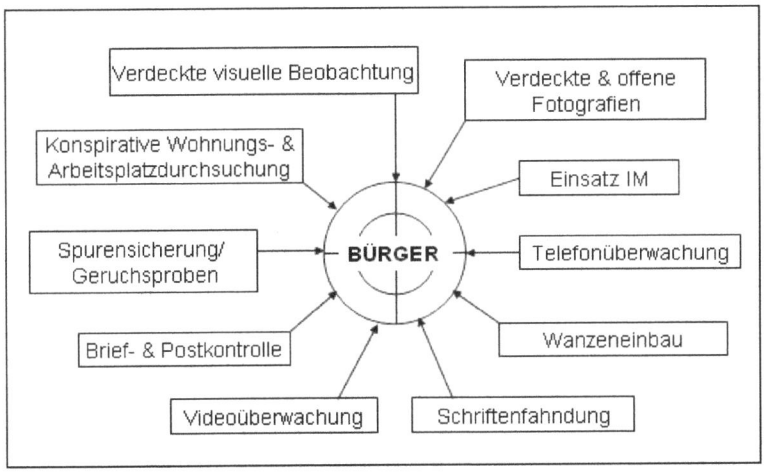

Abbildung 2: Der Bürger im Visier der Staatssicherheit (Quelle: Eigene Erstellung)

„Er selbst ist anpassungsfähig und auch zum lachen aufgelegt und führte keine Gespräche in kirchlicher oder negativer Hinsicht" (vgl. BÜRGERKOMITEE LEIPZIG 1992, S.102) lautete ein MfS Bericht vom 08. Februar 1988. Es bestehen in der heutigen Zeit kaum Zweifel der ehemaligen DDR-Bürger, dass auch sie sich im Visier der Staatssicherheit befanden. Beobachtungen (a) äußerten sich, sobald es zu spürbaren Nachteilen, Behinderungen oder sogar Verhaftungen gekommen war. Oft genügten nichtige Anlässe, um ins Blickfeld des Staatssicherheitsdienstes zu rücken. Potentiell kam jeder Bürger in Frage, die personellen und technischen Grenzen waren jedoch schnell erreicht. Hinzu kam, dass die Staatssicherheit auch unter ihren eigenen Mitarbeitern Beobachtungen anstrebte. Die einfachste Möglichkeit, an Informationen zu gelangen, war die Befragung im Betrieb oder dem unmittelbaren Umfeld des Wohnbereiches. Entweder der MfS-Mitarbeiter hielt sich verdeckt in seiner Observation oder er gab sich als gesprächiger, netter Mitbürger aus, um das Vertrauen des Opfers zu gewinnen. Erfolg wurde ebenso mit der Abhängigkeit des inoffiziellen Mitarbeiters von der zu beobachtenden Person erzielt. Dies gab dem Opfer das Gefühl, die Kontrolle zu besitzen. Ein Fehlverhalten kam unter diesen Umständen leichter zu Stande, da die Beobachteten sich in Sicherheit fühlten. Eine weitere Möglichkeit bestand in der widerrechtlichen Kenntnisnahme des intimen, persönlichen Bereichs. Die konspirative Durchsuchung der Wohnung beziehungsweise des Grundstückes, durch Beschaffung eines Zweitschlüssels durch den Staatssicherheitsdienst. Des Weiteren wurde festgestellt, wann die Person an- oder abwesend war, um den Wohnsitz entsprechend zu inspizieren. In der Wohnung erfolgte die Abnahme von Fingerabdrücken, sowie von Schrift- und Geruchsproben, welche in Archiven gesammelt wurden. Das Anbringen von Wanzen in Wohnungen implizierte eine weitere Form der Informationsgewinnung. In den meisten Fällen wurde das Resultat der Observation den Ermittlern nicht mitgeteilt, um eventuelle Zweifel oder Verweigerungen von Beginn an zu ersticken (vgl. BÜRGERKOMITEE LEIPZIG 1992, S. 103f.).

Eine weitere Möglichkeit, Spionage über eine Person zu betreiben, bietet die Telefonüberwachung[185] (b). Dies wurde über ein Anschaltfeld in Kelleretagen des Fernmeldeamtes in Leipzig umgesetzt. Dabei konnten 360 Bandaufnahmen parallel aufgezeichnet werden, da die Anlage automatisch funktionierte. Zielpersonen der Telefonüberwachung waren an erster Stelle Ausreiseantragsteller, Bürger mit dem Verdacht der Republikflucht oder Hochschulen und staatliche Einrichtungen. Wanzen dienten als Hilfsmittel zur Abhörung, jedoch waren die „Raummikrofone", wie sie nach dem Jargon des Staatssicherheitsdienstes terminiert wurden, geringer verbreitet. Die Übertragungsreichweite betrug einen Radius von 100 bis 500m. Die abzuhörende Information wurde analog einem Telefongespräch in die

---

[185] Anzumerken ist jedoch, dass nur wenige Personen über ein Telefon verfügten. Hauptsächlich verbreitet war dies bei den Führungspersönlichkeiten.

Abhöranlage weitergeleitet. Auf diese Weise gelang eine Personifizierung anonymer und pseudonymer Sprecher.

Die Postkontrolle (c) umfasst einen großen Punkt in der Kontrollarbeit des MfS, welche der Abteilung M unterstellt war. Letztere führte in der Leipziger „Runden Ecke" etwa 120 Mitarbeiter. In der gesamten DDR wurden etwa 2200 Personen in der Postkontrolle beschäftigt. Diese befassten sich mit dem Öffnen, Kopieren und Weiterleiten von Briefen. In ihrem Aufgabengebiet lag ebenso die Kontrolle und Auswertung[186] von internationalen und nationalen Postsendungen. In diesem Zusammenhang sollten geheimdienstliche und andere subversive Verbindungen festgestellt werden. Ziel des MfS war es, die Verbreitung von staatsfeindlichen Inhalten zu unterbinden. Des Weiteren sollten Kontakte, Verhaltensweisen und Verbindungen von Personen und Sachverhalten ermittelt werden, welche für die operative Arbeit des MfS von Bedeutung sein können. Die Leitung der Abteilung M hatte Rudi Strobel inne.

Die Vorgehensweisen sollten Schäden an Briefen und Postsendungen vermeiden. Exemplarisch wurden spezielle Wasserdampfmaschinen[187] benutzt, um den Klebestreifen der Briefe zu lösen und sie zu öffnen. Nach der Kontrolle wurden die Briefe zum Teil nicht weitergeleitet, sofern deren Inhalt systemfeindlich war und den Empfänger nicht erreichen sollte. Andernfalls wurden die Sendungen mit einer Pressmaschine erneut verschlossen und zu ihrem Bestimmungsort versandt. Geldversendungen erreichten zu einem Teil ihre Empfänger nicht, da die BRD-Währung wertvoller als die der DDR war. Die Beträge wurden der Staatskasse der DDR zugeführt. Nur wenige erreichten ihr Ziel. Als Favoriten für die Postkontrolle galten Briefe mit einem fehlenden oder unvollständigen Absender, mit Kinder- oder Greisenhandschrift,

---

[186] Die Auswertung implizierte generell die Feststellung von relevanten Kontakten für das MfS.
[187] Derartige Geräte wurden für den Gebrauch im MfS entwickelt.

Berufsbezeichnungen in der Anrede als auch Trauer- und Geschäftsbriefe. Des Weiteren erhielten ein besonderes Augenmerk Sendungen mit unpersönlichen Anreden, versiegelten Umschlägen, Zusatzverleimung oder Hotelpost.[188] Für die Postkontrolle existierte keine gesetzliche Grundlage. Alle Unterlagen sollten nach der Auflösung des MfS vernichtet werden. Das Ende der Postkontrolle kann auf den 08. November 1989 datiert werden.

Gleichsam verbreitet und angewandt wurde die Methode der Schriftenfandung (d). Individuelle Proteste gegen die Politik der Partei- und Staatsführung gelangten an die Öffentlichkeit. Dies geschah über anonyme Texte an Hauswänden oder Parkbänken sowie durch Plakate und Flugblätter. Der Staatssicherheitdienst beseitigte diese. Am Fundort der Schrift, wurden Hand- und Maschinenschriften durch Fotodokumentationen verewigt und Geruchsproben entnommen. Das Geschlecht und das Alter können seit den siebziger Jahren über die Handschrift einer Person ermittelt werden. Später war es möglich, die Art des verwendeten Schreibmaterials zu bestimmen. Die Widererkennung von negativ auffallenden, systemfeindlichen Personen war problemlos möglich, besonders bei konspirativer Vergleichsmaterialbeschaffung.

Der letzte Aspekt der Mittel zur Überwachung der Bürger impliziert die Abnahme von Geruchsproben (e). Diese Methode wurde zur Identifikation von Straftätern entwickelt. Generell wurde vorausgesetzt, dass jeder Mensch seinen individuellen Geruch besitzt und an allen Gegenständen, welche er berührt, hinterlässt. Diese Spuren können gesichert werden. Durch den Einsatz von Hunden wurden die Geruchsproben bestimmten Personen zugeordnet. Die Proben wurden in der Regel ohne das Wissen des Betroffenen entnommen. Die

---

[188] Zur Kontrolle der Mitarbeiter erhielten diese Briefe mit staatsfeindlichem Inhalt. Sofern der Brief an die Abteilungsleitung abgegeben wurde, bestand der Angestellte die Kontrolle und bewies seine Ehrlichkeit als auch Systemtreue. Andernfalls wurden auf diese Art und Weise Systemgegner entlarvt.

Entnahme der Geruchsproben erfolgte exemplarisch bei einer konspirativen Hausdurchsuchung beziehungsweise vom Stuhl des Betroffenen bei einem belanglosen Gespräch. Geruchsproben konnten über mehrere Jahre in Gläsern aufbewahrt und zur Wiedererkennung genutzt werden (vgl. BÜRGERKOMITEE LEIPZIG 1992, S. 147).

4. Bewertung und Kritik

Viele Menschen aus den heutigen neuen Bundesländern führen heute ein durchschnittliches Leben. Einige stellen sich jedoch die Frage, ob auch sie Opfer der MfS-Arbeit waren. Generell besteht die Möglichkeit, einen Antrag auf Akteneinsicht zu stellen, um Aufschluss über eine eventuell eigene Akte zu erlangen. Die Bearbeitung erfolgt durch den Bundesbeauftragten für die Unterlagen des Staatssicherheitsdienstes der ehemaligen Deutschen Demokratischen Republik. Durch die Einsicht in die Akten ist es den Betroffenen möglich, ihre Vergangenheit aufzuarbeiten und abzuschließen. Die Einsicht in die Akte gibt Aufklärung darüber, in welchem Zeitraum und an welchen Orten der Betroffene unter Beobachtung stand. Gleichsam werden die Methodik und der Umfang der Bespitzelung in ihren Fällen ersichtlich. Die Einsicht in die Akte gibt dem Betroffenen eine Gewissheit, ob er beobachtet wurde oder nicht. Ein Teil der Akten wurde jedoch vernichtet, weshalb in derartigen Fällen keine Nachvollziehbarkeit mehr gewährleistet werden kann.

Um Einblick in die Arbeit der Staatssicherheit zu erlangen, gibt es unter anderem die Wanderausstellung „Staatssicherheit, Garant der SED- Diktatur". Hier werden Struktur, Aufbau und Methoden der MfS-Arbeit erklärt. Des Weiteren erhalten die Besucher Kenntnisse über die die Vorgehensweisen und die Hintergründe des MfS. Detaillierte Vorträge, zu speziellen Themenbereichen wie der Postkontrolle, geben aufschlussreiche Informationen kund. Es ist ebenso möglich, Formulare für die Einsicht in die eigene Akte zu erhalten und Fragen zu klären. Republikfluchtmöglichkeiten zu DDR-Zeiten werden präsentiert.

Beispielgebend stehen Koffer von Bahnreisenden oder Musiktruhen. Aber auch Heißluftballons und selbstgebaute Flugdrachen werden ebenso aufgezeigt. Die Ausstellung ist in vielen Orten zu besichtigen. Aktuell befindet sich die Ausstellung in Minden. Ab dem 29.05.2008 kann diese dann in Bayreuth besichtigt werden (vgl. Die Bundesbeauftragte für die Unterlagen des Staatssicherheitsdienstes der ehemaligen Deutschen Demokratischen Republik 2008, pass.)

4.1 Allgemeiner Forschungsstand

Seit 1989 rückte die Problematik der politischen, historischen und juristischen Vergangenheitsaufarbeitung auf dem Territorium der ehemaligen DDR in das gesamtdeutsche Bewusstsein. Es offenbarte ein riesiges Forschungsdefizit. Relativ rasch konnte das Bürgerkomitee der Öffentlichkeit Kenntnisse über das Innenleben der Machtzentrale vermitteln. Dies kam bereits nachdem 03. Oktober 1990 wieder ins Stocken. Zunächst wurden nur persönliche Schicksale oder Einzelkomplexe dargestellt. Nach dem Inkrafttreten des Stasi-Unterlagengesetztes begann jedoch eine institutionelle Forschung. Seit Anfang der 90er Jahre wurde zu den verschiedensten Arbeitsgebieten des ehemaligen MfS recherchiert. Im März 1998 wurde eine Fallstudie erhoben, welche die Staatssicherheitsaktionen und politischen Prozesse in der DDR zwischen 1953 und 1956 beleuchtete. Ebenso existiert inzwischen Literatur über die Realitäten und Bedingungen der Strafverfolgung[189] (vgl. S☉LITRENNY 2003, S. 25ff.).

Bestimmte Ziele der Forschung um die Vergangenheit der ehemaligen DDR implizieren unter anderem die Auskunftsbeschaffung über einen bisher nicht ausreichenden und nicht erschöpften Bereich der Diktaturgeschichte zu geben. Die Schwerpunkte der Recherche liegen im Bereich der Strafverfolgung des

---

[189] Ein Exempel impliziert das Werk: ENGELMANN, Roger/VOLLNHALS, Clemens 1998: Justiz im Dienste der Parteiherrschaft. Rechtspraxis und Staatssicherheit in der DDR, Berlin, Links-Verlag.

MfS und des Ministerium des Innern der DDR. Die Umsetzung des Untersuchungshaftvollzuges und der dort tätigen staatlichen sowie privaten Akteure stellt einen weiteren Aspekt für die Zurückverfolgung der Fakten dar.

4.2 Kritik

Mein erster Kritikpunkt betrifft die Möglichkeit zu erfahren, welcher inoffizielle Mitarbeiter hinter einen Decknamen stand. Dies könnte schwerwiegende Folgen mit sich bringen. Sofern das Opfer seinen damaligen Spitzel kennt, könnte ersterer auf Basis dieses Wissens Rachegedanken evozieren. Die Hassgefühle des Opfers liegen in dessen menschlicher Natur begründet. Der damalige Spitzel ist jedoch möglicherweise unter Androhung persönlicher Konsequenzen[190] zu dieser Tätigkeit gekommen. Die Preisgabe der tatsächlichen Personen hinter eingeführten Decknamen ist mit dem Datenschutz persönlicher Daten und dem Persönlichkeitsrecht gleichfalls nicht vereinbar. Ein aktuelles Beispiel aus dem Kreis Reichenbach in Sachsen verdeutlicht die Problematik. Der achtzehnjährige Herr Schubert war zunächst selbst Opfer des Staatssicherheitsdienstes (vgl. HACH 2008, S. 6). Er wurde beobachtet und ausspioniert als auch für das MfS als potentieller Mitarbeiter ausgesucht. Daraufhin unterschrieb dieser eine Verpflichtung, als inoffizieller Mitarbeiter für das MfS zu arbeiten. Seine Aufgaben erledigte er aus Überzeugung und weil es ihm eine Ehre war, dem MfS zu dienen. Er verriet unter anderem seine eigenen Schulfreunde und erwirkte damit 1980 die Inhaftierung eines seiner Freunde für fünf Jahre. 1989 begann Schubert am DDR-System zu zweifeln. Mit seinem Führungsoffizier trat er mehrfach in die politische Diskussion. Zwei Wochen nach dem Mauerfall kündigte er seine Zusammenarbeit mit dem MfS. Heute fällt es dem ehemaligen inoffiziellen Mitarbeiter schwer, über seine Vergangenheit zu reden. Die

---

[190] Die Mitarbeit als inoffizieller Mitarbeiter im MfS war demnach nicht freiwillig. Betroffene haben die Tätigkeiten ausgeführt, um selbst ein unbeschwertes Leben in der DDR führen zu können.

Ausstellung „Christliches Handeln in der DDR" veröffentlichte einige Decknamen und dahinter verborgenen Klarnamen[191] ehemaliger MfS-Angestellter. Somit wird es ermöglicht, dass die breite Öffentlichkeit erfährt, dass diese Person eine Spionagetätigkeit im MfS übernommen hatte. Dies bedeutet einen Schaden einerseits für die Persönlichkeit des Betroffenen und andererseits einen Verlust seiner Reputation in seinem Umfeld als auch seiner Arbeitsstelle. Schuberts erstes Opfer, einer seiner Klassenkameraden, erfuhr erst vor kurzer Zeit, dass er durch seinen Mitschüler verraten wurde. Dieser wurde später analog inoffizieller Mitarbeiter des MfS, was er heute sehr bereut. Im Gegenzug wirft er seinem Verräter eine Mitschuld vor, dass ihm der Beamtenstatus im öffentlichen Dienst der BRD verwehrt wurde, was ihn exemplarisch zu Racheakten gegen Schubert motivieren könnte (vgl. HACH 2008, S. 6).

Eine weitere Kritik betrifft die Kenntnisse der ehemaligen MfS-Mitarbeiter über ihre zu beobachtendesn Opfer. Die Informationen, die sie gesammelt haben, können aus den Köpfen nicht gelöscht werden. Im Nachhinein kann das Wissen über diese Tatsachen beispielsweise zu Erpressungen führen. Kleinste und intimste Details über das Leben des Betroffenen wurden erforscht. Diese Informationen können heute gegen den Betroffenen verwendet werden. Die Privatsphäre ist dadurch heute nicht mehr gewährt, da viele im MfS Beschäftigten darauf schließen können, dass der früher Bespitzelte heute über selbige Charaktereigenschaften verfügt. Ein reibungsloses und zufriedenes Zusammenleben wird erschwert.

Ein weiterer Ansatz betrifft die Einstellung des geheimen Hauptinformators in das MfS. Zu Beginn der MfS-Tätigkeit waren keine klaren Bestimmungen und Voraussetzungen gegeben, um als hauptamtlicher Mitarbeiter tätig sein zu

---

[191] Im Jargon des MfS bedeuten Klarnamen die richtigen und offiziellen Namen der Personen.

können. Lediglich eine „fortschrittliche demokratische Gesinnung"[192] sowie positive Einstellung zur Sowjetunion und zu den Ländern der Volksdemokratie. Es waren keine Berufsbeamten gefragt, sondern Betriebsarbeiter, Angestellte und Bauern. Meiner Meinung nach ist dies fragwürdig, da diese Menschen kein Erfahrungswissen bezüglich der Polizeiarbeit vorweisen können. Dennoch erhielten sie derartige Aufträge. Die faktische Ermittlungsarbeit im MfS wurde demnach Laien übertragen, obwohl diese analoge Aufgaben wie die Polizei in der DDR übernehmen sollten. Die Prioritäten wurden auf die Partei- und Systemtreue der Person anstelle fachlicher Kenntnisse gesetzt.

In dem Werk „Der Staatssicherheitsdienst" vom BUNDESMINISTERIUM FÜR GESAMTDEUTSCHE FRAGEN wird der ungarische Volksaufstand von 1956 und dessen Auswirkungen auf die SBZ erwähnt (vgl. BUNDESMINISTERIUM FÜR GESAMTDEUTSCHE FRAGEN, S. 20). Dies stellt einen Widerspruch dar. Zum angegebenen Zeitraum war die Gründung der DDR als Staat bereits erfolgt[193], weshalb die Verwendung des Terminus' „SBZ" falsch ist. Da der Name der SBZ auch im Titel erwähnt wird gehe ich davon aus, dass hier kein Druckfehler vorliegt, sondern die Begriffswahl bewusst erfolgte. Der Gebrauch des Begriffes „SBZ" führt an dieser Stelle zu Verwirrung.

5. Fazit

Das Thema der Staatsicherheit in der ehemaligen DDR ist ein breit erforschtes und dennoch zum Teil unentdecktes Gebiet. Unmenschliche Methoden und Vorgehensweisen kamen zur Anwendung, um die Kontrolle über den Staat zu erlangen und auf diese Weise die Macht zu sichern. Fraglich ist, warum in dieser fortschrittlichen Zeit derartige Methoden zur Anwendung kamen. Des Weiteren erscheint es fraglich, warum die MfS-Mitarbeiter nicht selbstständig erkannten,

---

[192] Dieser Terminus impliziert die Systemtreue zum Staatsapparat der DDR.
[193] Die Gründung der DDR erfolgte im Jahr 1949 (vgl. STARIZ 1996 S. 48), womit die Auflösung der SBZ einherging.

dass es irrational ist, auf Verdacht gegen zunächst unschuldige Menschen zu ermitteln. Die DDR war ein egoistischer Staat, der auf der Macht weniger Menschen basierte. Diese verfügten über sämtliche Informationen ihrer einzelnen Bürger, wodurch eine Privatsphäre verhindert wurde.

Nach der Gründung im Februar 1950 unter Wilhelm Zaisser übernahm das MfS Aufgaben wie Systemgegner zu entlarven und für den Staat ungefährlich zu setzen. Eine eventuelle Republikflucht der Bürger sollte verhindert werden. Das MfS war für die Gewährleistung der inneren Sicherheit als auch diverser Auslandsarbeiten zuständig.

Das MfS implizierte für die SED das „Schild und Schwert" der Partei. Durch die Staatssicherheit gelang es der SED die Kontrolle und Macht über jeden einzelnen Bürger der DDR zu besitzen. Das MfS übernahm eine Doppelrolle, in dem es einerseits die Bürger kontrollierte als auch die Linientreue der Mitarbeiter überprüfte. Durch die „Schild und Schwert" - Funktion galt das MfS in erster Linie als Instrument der Partei, weniger als Staatsorgan. Die Grundlage des Parteiprogramms der SED wurde gegenüber den Verfassungsgrundlagen priorisiert. Die Machtausübung war laut der politischen Führung von der Funktionstüchtigkeit des Staatssicherheitdienstes abhängig. Aufgrund dessen sicherte der Staatssicherheitsdienst das Überleben der SED. Hätte die Arbeit des MfS nicht in diesem Maße funktioniert, wäre ein Machterhalt der SED nicht über einen derartigen Zeitraum realisierbar gewesen. Meine eingangs gestellte Frage kann somit eindeutig bejaht werden.

Die Beschäftigten des MfS waren aufgeteilt in hauptamtliche und inoffizielle Mitarbeiter, wobei letztere den größeren Teil der Aufgaben übernahmen. Desgleichen standen diese Personen dem „Feind" direkt gegenüber. Innerhalb der inoffiziellen Mitarbeiter existierten weitere Unterkategorien für die jeweiligen Aufträge. Einheitliche Einstellungskriterien wurden erst später festgesetzt, weshalb die Einstellung zu Beginn subjektiv geleitet und relativ desorganisiert verlief. Inoffizielle Mitarbeiter wurden geworben oder traten teilweise unfreiwilligerweise bei, sobald sie negativ aufgefallen waren und nur noch die Wahl hatten, bestraft zu werden oder die Arbeit für das MfS auszuüben.

Die Methoden der Staatssicherheit waren breit gefächert. Die Postkontrolle, die Telefonüberwachung, die Observationen und das Fotografieren stellen die relevantesten und häufigsten Strategien dar. Das MfS arbeitete mit großer Sorgfalt, um mögliche Spuren zu vermeiden. Exemplarisch wurden die Wanzen in den Wohnungen während der Abwesenheit der Betroffenen angebracht. Die Briefe in der Postkontrolle wurden mit Dampf geöffnet und danach sorgfältig in Pressmaschinen wieder verschlossen.

Nach der Auflösung des MfS wurden zahlreiche Akten vernichtet. Mit Hilfe dieser Unterlagen wäre das Ausmaß der Überwachung zu verdeutlichen gewesen. Gesicherte Akten stehen heute zur Einsicht für Betroffene zur Verfügung. Einige Beweise wie beispielsweise Überwachungsmethoden werden in Ausstellungen und Museen präsentiert. Meiner Meinung nach soll die deutsche Vergangenheit öffentlich und detailreich dargestellt werden, da diese einen Teil der Nationalgeschichte impliziert und der den Geschädigten als Aufarbeitung dienen kann. Die Vorkommnisse können nicht rückgängig gemacht werden, jedoch ist eine Aufarbeitung relevant, um Loyalität für die eigene, nationale Historie zu erlangen.

6. Quellen

6.1 Literatur- und Quellenangabe

DIE BUNDESBEAUFTRAGTE FÜR DIE UNTERLAGEN DES STAATSSICHERHEITSDIENSTES DER EHEMALIGEN DEUTSCHENDEMOKRATISCHEN REPUBLIK 2008: Ausstellungen der BStU. Online im Internet: AVL: URL: http://www.bstu.bund.de/cln_030/nn_712462/DE/ Veranstaltungen/Ausstellungen/Ausstellungsliste/node.html__nnn=true; Stand:04.2008; Abruf: 20.04.2008; 20:00 Uhr.

BUNDESMINISTERIUM FÜR GESAMTDEUTSCHE FRAGEN 1962: Der Staatssicherheitsdienst. Ein Instrument der politischen Verfolgung in derSowjetischen Besatzungszone Deutschlands, Bonn/Berlin, DeutscherBundes-Verlag.

HACH, OLIVER 2008: Das Leben des IM Schubert. In: Freie Presse, Chemnitz, 46.Jhrg., Nr. 80, 5./6. April 2008, S. 6.

FRICKE, Karl Wilhelm 1990: Das Instrument des Überwachungsstaates – Der Sicherheitsdienst in der DDR, zusammengestellt und bearbeitet von Jürgen Weber, Tutzingen, Akademie für politische Bildung. (Schriftenreihe: Zur aktuellen Diskussion; 8).

FRIEDRICH-EBERT-STIFTUNG 1984: Wie wird der DDR-Bürger überwacht? Bonn, Neue Gesellschaft Verlag.

FRIEDRICH-EBERT-STIFTUNG 1988: Die SED von A bis Z. Kleines Lexikon zur herrschenden Partei in der DDR, Bonn, Neue Gesellschaft Verlag.

GIESEKE, Jens 2001: Mielke-Konzern: Die Geschichte der Stasi 1945-1990, Stuttgart [u.a.], Deutsche Verlagsanstalt.

GIESEKE; Jens 1996: Die hauptamtlichen Mitarbeiter des Ministeriums für Staatssicherheit. 2. Auflage. In: HENKE, Klaus-Dietmar [u.a.] [Hrsg.]: Anatomie der Staatssicherheit. Geschichte, Struktur und Methoden. MfS-Handbuch-., Berlin, Der Bundesbeauftragte für die Unterlagen des Staatssicherheitsdienstes der ehemaligen Deutschen Demokratischen Republik, Abteilung Bildung und Forschung.

KORTE, Karl-Rudolf/WEIDENFELD Werner 2007: Deutsche Einheit. In: NOHLEN, Dieter/GROTZ, Florian 2007: Kleines Lexikon der Politik, 4., akt. u. erw. Auflage, München, Beck oHG Verlag, S. 75 - 81.

MICROSOFT 2005: Encarta Enzyklopädie Professional DVD.

MÜLLER-ENBERS, Hellmut 1996: Inoffizielle Mitarbeiter des Ministeriums für Staatssicherheit. Richtlinien und Durchführungsbestimmungen. 2. Aufl., Berlin, Ch. Links Verlag.

NAKATH, Detlef 1995: Erfurt und Kassel. Zu den Gesprächen zwischen dem BRD Bundeskanzler Willy Brandt und dem DDR- Ministerratsvorsitzenden Willi Stoph im Frühjahr 1970. Vorbereitung, Verlauf, Ergebnisse, Berlin, Gesellschaftswissenschaftliches Forum e.V. (Forscher- und Diskussionskreis DDR- Geschichte, Hefte zur DDR – Geschichte, Bd. 24).

NANZKA, Martin 2000: Spionage der ehemaligen DDR gegen die Bundesrepublik Deutschland. Verfassungsrechtliche Grenzen der Strafverfolgung wegen Landesverrates, Geheimdienstlicher Agententätigkeit und damit in Zusammenhang stehender Straftaten nach der Herstellung der Einheit Deutschlands, Frankfurt am Main [u.a.], Peter Lang (Europäische Hochschulschriften. Reihe II. Rechtswissenschaft, Bd. 2827).

SOLITRENNY, Rita 2003: Doppelte Überwachung. Geheimdienstliche Ermittlungsmethoden in den DDR-Untersuchungshaftanstalten, Berlin, Ch. Links Verlag. (Forschungen zur DDR-Gesellschaft).

STARITZ, Dietrich 1996: Geschichte der DDR. Erweiterte Neuausgabe, Frankfurt am Main, Suhrkamp Verlag.

STARITZ, Dietrich 1995: Deutsche Geschichte der neusten Zeit. Die Gründung der DDR. Von der sowjetischen Besatzungsherrschaft zum sozialistischen Staat, München, Deutscher Taschenbuchverlag.

SUCKUT, Siegfried 1996: Das Wörterbuch der Staatssicherheit: Definitionen des MfS zur "politisch-operativen Arbeit". 2., durchges. Aufl., Berlin, Links Verlag. (Wissenschaftliche Reihe des Bundesbeauftragten, Bd. 5).

WANITSCHKE, Matthias 2001: Methoden und Menschenbild des Ministeriums für Staatssicherheit der DDR, Köln [u.a.], Böhlau Verlag.

WEBER, Hermann 1982: Edition Zeitgeschehen. DDR, Grundriß der Geschichte 1945-1981, Hannover, Fackelträger Verlag.

6.2 Weiterführende Literatur

BÄUMER-SCHLEINKOFER, Änne 2005: Die Westlinke und die DDR: Journalismus,Rechtsprechung und der Einfluss der Stasi in der DDR und der BRD;Symposium 26.-27. Mai 2005, Universität Mainz/Frankfurt am Main [u.a.],Lang Verlag

ENGELMANN, Roger/VOLLNHALS, Clemens 1998: Justiz im Dienste der Parteiherrschaft. Rechtspraxis und Staatssicherheit in der DDR, Berlin, Links-Verlag.

GRIMMER, Reinhard [u.a.] [Hrsg.] 2003: Die Sicherheit. Zur Abwehr des MfS. Band 2, 3., korr. U. erg. Aufl., Berlin, edition ost im Verlag Das neue Berlin.

LEIDE, Henry 2005: NS-Verbrecher und Staatssicherheit. Die geheime Vergangenheitspolitik der DDR, Göttingen, Vandenhoeck & Ruprecht. (Analysen und Dokumente. Bd. 28. Wissenschaftliche Reihe der Bundesbeauftragten für die Unterlagen des Staatssicherheitsdienstes der ehemaligen Demokratischen Republik (BStU)).

WILKENING, Christina 1990: Staat im Staate. Auskünfte ehemaliger Stasi-Mitarbeiter, Berlin/Weimar, Aufbau Verlag.

6.3 Weitere Quellen

BSTU – WANDERAUSSTELLUNG „Staatssicherheit- Garant der SED-Diktatur", an der Helmut-Schmidt-Universität, Universität der Bundeswehr Hamburg, 19.10. bis 20.11.2007.

INTERVIEW mit einem Betroffenen Ehepaar der MfS Spionage vom 23. März 2008.

INTERVIEW mit einer betroffenen Witwe der MfS Spionage vom 25. März 2008.

7. Anhang

1 Abkürzungsverzeichnis

BRD → Bundesrepublik Deutschland

DDR → Deutsche Demokratische Republik

FDJ → Freie Deutsche Jugend

KPD → Kommunistische Partei Deutschlands

KPdSU → Kommunistische Partei der Sowjetunion

MfS → Ministerium für Staatssicherheit

NVA → Nationale Volksarme

SBZ → Sowjetische Besatzungszone

SED → Sozialistische Einheitspartei Deutschland

SPD → Sozialdemokratische Partei Deutschlands

STASI → Staatssicherheit

Einzelbände

Juliane Berger: Das Ministerium für Staatssicherheit und seine Opfer, ISBN: 978-3-656-09323-7.

Stefanie Eisenhuth: Jürgen Fuchs und die Arbeitsweise des Ministeriums für Staatssicherheit, ISBN: 978-3-638-92044-5.

Sandra Mühlbach: Der Einfluss der Stasi auf Jugendliche in der Schule. Der Alltag von jugendlichen IMs und die Auswirkungen auf ihre Mitschüler, ISBN: 978-3-656-63563-5.

Alexander Schug: Der bedürftige Karrierist. Analyse eines Lebensberichtes eines hauptberuflichen MfS-Mitarbeiters, ISBN: 978-3-640-20259-1.

Christin Wolf: Die Staatssicherheit der DDR: Die Überlebensform der DDR?, ISBN: 978-3-640-11526-6.